기록이라는 세계

기록이라는 세계

리니 지음

필사부터 감정노트,
탐구일지까지
나라는 세계를
확장시키는 기록 습관

더퀘스트

추천의 글

기록을 꾸준히 해왔지만, 막상 누군가 어떻게 기록하냐고 물으면 내 소박한 기록을 보여주기엔 조금 부끄러웠던 적이 많았다. 이제는 기록을 시작하고 싶어 하는 사람에게 《기록이라는 세계》를 먼저 권할 것이다. 마치 기록의 코스요리 같은 책이다. 가볍게 시작할 수 있는 애피타이저 같은 기록부터, 삶을 위해 꼭 필요한 메인 요리 같은 기록까지, 더 넓고 깊은 삶을 위한 25가지 기록 방법을 제안한다.

같이 써보자고 발랄하게 응원하는 저자를 따라가다 보면 어느새 내 옆엔 빼곡한 기록과 다 쓴 연필, 그리고 좀 더 커다래진 마음이 남아있을 것이다.

이승희(마케터 숭, 《기록의 쓸모》 저자)

늘 중간에 멈춰버리는 기록들, 새로운 시작 앞에서 망설이는 순간. 이 책은 그런 두려움을 안은 당신의 손을 따뜻하게 잡아준다.

하루하루 쓴 한 줄의 기록이 어떻게 한 사람을 변화시키는지, 나는 저자를 통해 그 놀라운 장면을 목격했다. 독자들도 기록을 통해 조금씩 나아지는 나 자신을 만나보길 바란다.

김경희('오키로북스' 대표, 《비낭만적 밥벌이》 저자)

수많은 인간관계 고민을 들어오며 깨달은 것은, 자신을 이해하는 깊이가 인간관계의 질을 결정한다는 점이다. 《기록이라는 세계》는 우리가 맺는 모든 관계의 시작점, '나 자신'을 이해하는 기록 여정으로 안내한다.

작가는 삶의 순간들을 기록하며 내면의 목소리에 귀 기울이고, 자신을 객관적으로 바라볼 수 있는 힘을 길러준다. 특히 감정 어휘를 활용하여 자신의 복잡한 감정을 정리하고 표현하는 방법, '사람 관찰 일지'를 통해 타인의 행동 이면에 숨겨진 마음을 이해하고 공감하는 능력을 키우는 방법은 현대를 살아가는 우리에게 꼭 필요한 통찰이다.

기록을 통해 자신을 알아가고 타인을 이해하며 삶의 지혜를 얻는 경험, 《기록이라는 세계》가 선사하는 특별한 선물은 당신의 관계에 따뜻한 변화를 가져다 줄 것이다.

전종목(《어른을 위한 말 처방》 저자)

"기록을 할수록 나라는 세계는 넓어진다"

2년 전 어떤 강연에서 누군가 이렇게 묻더군요. "20대 친구들에게 인생 선배로서 어떤 이야기를 해주고 싶으신가요? '나중에 정말 후회할지도 모르니 이것만큼은 꼭 해 둬라' 그런 거요." 체력을 키워둬라, 다양한 경험을 해라, 여행을 자주 다녀라 등 해주고 싶은 말이 많았지만 저의 대답은 "지금의 시절을 기록해두셨으면 좋겠어요"였습니다.

첫 사회생활이 고달파 소주 한잔하며 동료와 나눈 대화들, 돌아가신 아빠와 함께 했던 작은 추억들, 새로운 인연을 만나고 헤어지며 느꼈던 감정들, 위로와 힘이 되어줬던 어떤 책의 문장들까지. 삶의 모든 순간을 기록할 순 없지만 흘려보내지 않고 기록으로 남겨둔 장면이 지금보다 많았다면 '나의 삶을 조금 더 일찍 사랑하게 되지 않았을까' 하는 아쉬움에 그런 대답을 했던 것 같아요.

요즘의 저에게 그 질문을 하면 조금은 다른 이유로 같은 대답을 할 겁니다. 나의 삶에 애정을 갖게 되는 것은 물론이고 기록을 할수록 나라는 세계가 점점 넓어지는 것을 알게 될 거라고, 그러니 짧게라도 꼭 기록을 했으면 좋겠다고 말이죠.

인생을 살다 보면 한 번쯤은 그런 시기가 옵니다. 뭘 해도 내 뜻대로 되지 않고, 원하는 것과 정반대 방향으로 흘러가고, 관계에서 받은 상처나 스트레스로 나를 제어하는 게 힘들어지며, 그 어떤 것에도 흥미를 느끼지 못하는…. 시쳇말로 '인생 노잼 시기', '인생 권태기'를 겪는 순간이요. 저 또한 그런 시기를 겪었는데요. 몸과 마음이 와르르 무너지는 경험을 하고 나니 좀처럼 회복하기가 쉽지 않더라고요. 용량이 꽉 차 더 이상 파일 저장을 못 하는 하드디스크처럼 마음의 공간이 한없이 작아져서 하루를 견디는 게 굉장히 힘들었습니다.

그런 저를 다시 일어설 수 있게 해준 건 기록이었어요. 나라는 사람이 무엇을 좋아하는지, 무엇을 싫어하는지, 어떤 순간에 행복했는지, 어떤 순간을 불행하다 여겼는지, 문제가 생길 땐 어떤 생각을 했는지, 해결해야 하는 문제는 어떤 방법으로 해결했는지, 어떤 마음으로 하루를 살았는지 등 그 순간의 상황과 감정을 노트에 고스란히 남겨뒀거든요. 쓰는 일을 꾸준히 했더니 그럼에도 불구하고 내 인생을 잘 살아보고 싶은 의지, 다시 시작해보고 싶은 용기, 나아질 거라는 희망, 나를 더 아껴주고 싶은 마음 같은 것들이 차오르기 시작하더라고요.

기록이 가져다주는 선물이 무엇인지 알게 된 뒤로는 매일을 기록하는 사람으로 살아가고 있습니다. 일기로 시작해서 지금은 루틴, 건강, 단어, 취미, 사진, 필사, 미래 일기 등 삶의 다양한 영역을 아우르는 주제의 기록을 하며 좁디좁았던 저의 세계를 점점 넓혀가고 있고요. 그 다양한 기록의 과정과 방법 그리고 저만의 노하우를 여러분에게 알려드리고자 이 책을 쓰게 되었습니다.

1장에는 내면의 길이를 늘릴 수 있는 기록 방법을 담았는데요. 연력, 건강 기록, 일기, 루틴 트래커 등 내가 보낸 하루를 깊이 들여다보는 기록을 꾸준히 쓰다 보면 외부의 시선에 흔들리지 않고 자신의 내면에 더 깊이 뿌리내리는 법을 깨닫게 될 거에요. 2장에서는 내 마음의 넓이를 넓힐 수 있는 기록을 안내합니다. 셀프 탐구 일지, 디깅 기록, 관찰 일지, 문장 수집 등 나로부터 시작해서 타인의 마음과 시선을 이해하며 삶을 더 넓게 바라보도록 도와주는 기록을 만나게 될 거예요. 3장에서는 넓어진 나의 내면에 깊이를 더해 갈 기록을 소개합니다. 필사, 성찰 기록, 미래 일기 등 삶의 순간에 나다운 의미를 부여하는 연습을 할 수 있을 거예요.

제가 소개한 여러 기록 방법들을 보고 "이렇게 기록을 많이 해야 하나?" 하는 걱정이 들 수도 있어요. 하지만 부담보다는 기대감을 가지고 기록을 시작해보면 어떨까요? 여러분에게 가장 자연스럽고 즐거운 방법을 선택해보세요. 나만의 방식으로 발전시키는 것도 좋고요. 중요한 건, 어떤 형태의 기록이든 나에게 의미 있고 즐거운 방식으로 해야 한다는 겁니다. 그러니 한 걸음씩, 부담 없이 기록을 시작했으면 좋겠어요. 그 자체가 이미 나의 세계를 넓혀가는 첫걸음이 되어줄 테니까요.

마지막까지 섬세하게 마음 써주신 수영 편집자님, 보이지 않는 곳에서 애써준 남편과 사랑하는 가족들, 할 수 있다고 응원해준 지인들, 부족한 제게 늘 다정한 마음을 건네는 소중한 나의 기록 친구들에게 감사의 인사를 전합니다.

기록 생활을 함께 하는 기록 친구들이 더 많아지길 바라며.

contents

추천의 글 004

prologue "기록을 할수록 나라는 세계는 넓어진다" 006

1장

길이

삶을 확장하는 기록에 대하여

length 01.	**기록이 막막한 분들에게** #짧은 메모	016
length 02.	**오늘 하루가 별로여도 괜찮은 이유** #연력	027
length 03.	**하루를 두 번 살게 하는 일기의 힘** #날것의 일기	034
length 04.	**오늘과 내일을 잇는 작은 루틴들** #루틴 트래커	041
length 05.	**찰나의 순간을 오래 간직하는 비결** #포토로그	051
length 06.	**일상을 정리하는 또 다른 방법** #건강 기록	058
length 07.	**인생에 큰 그림을 그려보자면** #만다라트	065

2장

넓이

관찰과 수집으로 이룬 재발견

extent 01.	**생각보다 나는 더 괜찮은 사람** #셀프 탐구 일지	074
extent 02.	**숨어 있던 감정 찾기** #감정 어휘	081
extent 03.	**내 마음이 원하는 방향으로** #디깅 기록	090
extent 04.	**익숙함을 벗어났을 때 넓어지는 세계** #미지의 세계 노트	099
extent 05.	**자세히 봐야 보이는 마음** #사람 관찰 일지	107
extent 06.	**여행지에서 영수증을 챙기는 이유** #여행 기록	114
extent 07.	**당신의 낭만은 안녕하신가요** #도파민 단식 트래커	121
extent 08.	**느슨한 연대가 주는 힘** #온라인 기록	130
extent 09.	**좋은 문장을 베껴 쓰면 생기는 일** #문장 수집	137
extent 10.	**변하는 것 사이에서 변하지 않는 것** #클래식 음악 노트	149

3장

깊이

기록으로 찾아가는 나의 미래

depth 01.	**삶에서 덜어내야 할 것들** #정리 물건 리스트	158
depth 02.	**투두리스트보다 중요한 'Why'** #데일리 로그	165
depth 03.	**번아웃이 오기 전에 알아야 하는 것** #나를 기분 좋게 하는 것들	172
depth 04.	**100일의 기적** #영어 필사	181
depth 05.	**기록을 돌아봐야 하는 이유** #월간 성찰	190
depth 06.	**꿈을 현실로 만드는 방법** #미래 일기	198
depth 07.	**어른도 오답 노트가 필요합니다** #실패 노트	207
depth 08.	**다정한 마음을 건네는 사람** #다정한 순간의 기록들	216

epilogue	"기록이 뭐 별건가요?"	222
부록	"리니의 기록 도구를 소개합니다"	225

1장 | 길이

삶을 확장하는 기록에 대하여

기록은 작고 사소하게 느껴질 수 있지만, 쌓일수록 더 큰 힘을 발휘한다. 차곡차곡 쌓인 기록은 내면의 길이를 확장시키며, 내 삶을 더 넓고 깊게 만드는 기반이 된다.

연력과 일기로 일과를 돌아보고, 투두리스트로 계획을 세우며 하루를 쌓아간다. 가끔은 포토로그로 특별한 순간을 적고, 루틴 트래커로 오늘과 내일을 이어간다. 이 기록들은 내가 걸어온 길을 보여주는 동시에 앞으로 나아가야 할 방향을 비춰줄 것이다.

지금, 한 줄이라도 적어보는 건 어떨까? 작고 사소한 순간들이 모여 당신만의 길이 될 테니까.

기록이 막막한 분들에게

#짧은 메모

저는 SNS에 각종 기록을 남기기도 하고 불렛 저널(Bullet Journal, 기호를 활용해 필요한 템플릿을 직접 만들어 쓰는 다이어리) 등 여러 가지 '쓰는 법'에 대한 강연도 종종 하러 다닙니다. 그러다 보니 강연이 끝나고 이어지는 Q&A 시간이나 메시지로 질문을 남겨주시는데요. 그중에서도 압도적으로 많이 물어보는, 그러니까 부동의 1위를 차지하는 질문은 이것입니다.

"기록을 하고 싶은데 무슨 내용을 어디에 써야 할지 모르겠어요. 어떻게 시작하면 될까요?"

그러면 저는 이렇게 되묻습니다.

"왜 쓰고 싶으신가요?"

이 질문에 돌아오는 답변은 참 다양합니다.

"일상의 소소한 행복과 감사한 순간들을 놓치지 않고 간직하고 싶어요."

"중요한 배움과 깨달음을 오래 기억하고 싶어요."

"목표를 이루는 과정을 기록하고 싶어요."

"생각과 감정을 정리하면서 저 자신을 더 깊이 이해하고 싶어요."

"시간이 지나도 지금의 순간을 생생히 떠올리고 싶어요."

"하루하루 변화하고 성장하는 모습을 남기고 싶어요."

기록을 하고 싶은 이유는 각양각색이지만, 결국 삶의 소중한 순간들을 간직하고 개인의 성장과 발전에 도움을 주는 행위라는 점에서 닮아 있습니다.

개인마다 정도는 달라도 우리 인간은 더 나아지고 싶고 더 성장하고 싶은 마음을 품은 존재잖아요. 목표한 바를 이루고 싶다는 다짐, 생각을 정리해서 복잡한 상황을 해결하고 싶은 욕구, 행복했던 시간을 오래 기억해두고 싶은 마음, 문득 떠오른 영감을 잊어버리기 전에 기록해두려는 의지까지….

어제보다 오늘 더 나아지는 과정에서 쓰는 행위가 주는 힘이 얼마나 강력한지, 기록이라는 도구가 얼마나 중요한 역할을 하는지 우리는 무의식적으로든 의식적으로든 잘 알고 있는 거예요. 문제는 앞서 제가 가장 많이 듣는 질문처럼 어디서부터 어떻게 시작해야 할지 막막하다는 거죠.

저는 일상에서 기록과 관련된 아이디어를 수집하고 적용해보는 것을 즐겨 하는데, 처음부터 이랬던 건 아니거든요. 저 역시 쓰다 만 노트도 많고, 현재 고민하는 여러분의 모습이 저의 모습이기도 해서 너무나 공감이 갑니다. 그래서 어떤 답변을 드려야 여러분이 기록이라는 행위의 허들을 유연하게 넘을 수 있을지 곰곰이 생각해봤어요.

우선 '내 마음'부터 파악해봅시다. 기록을 시작하지 못하는 이유는 보통 '귀찮아서', '무엇을 써야 할지 몰라서', '완벽주의 성향이어서', 이 세 가지로 나뉘더라고요. 시작 앞에서 망설여지는 이유가 이 중 하나일 수도 있고, 세 가지 모두일 수도 있습니다. 희망적인 사실은 이 세 가지 중 하나만 해결되어도 기록이 재밌어지기 시작한다는 거예요. 여러분은 기록에 대해 어떤 마음을 가지고 있었는지 생각하면서 해결 방법을 하나씩 살펴볼까요?

가벼운 마음으로, 뭐라도 그냥

사실 기록은 귀찮은 게 맞아요. '굳이' 하는 일이거든요. 일상에서 지나치고 싶지 않은 순간들을 만났을 때, 굳이 노트를 펼치거나 애플리케이션을 켜서 글로 기록해 붙잡아두는 거잖아요. 그냥 흘러가게 둬도 되는데 말이죠. 이렇게 굳이 하는 수고스러운 일은 평소에 하지 않던 노력을 해야만 해요.

문제는 이 '노력'이라는 단어가 부담을 준다는 거예요. 많은 분이 기록을 시작할 때 '비장한 각오'를 합니다. 하루도 빠짐없이 매일 기록하겠다, 용도와 상황에 맞는 체계적인 기록을 하겠다 등 굳은 마음을 먹어요.

'반드시 1일 1피드씩 올려서 1만 명 계정을 만들 거야.'
'주제별로 노트를 여러 권 만들어야지.'
'계획과 실천, 개선점을 한눈에 볼 수 있는 체계적인 기록을 할 거야.'
'업무 기록은 노션, 감정이나 생각은 다이어리에 적어야지. 목적에 맞게 분류하면 필요할 때 빨리 찾아볼 수도 있고 깔끔하게 정리할 수 있으니까!'

어휴, 벌써 숨이 막히지 않나요? 처음에는 아무리 목적한 바가 있어도 기록의 효용이나 방법, 매일 써야겠다는 각오, 남겨둔 기록이 의미로 거듭나길 기대하는 마음은 잠시 내려놓길 바랍니다. 가벼운 마음으로 시작하는 게 중요해요. 노트나 자주 사용하는 앱에 '뭐라도 그냥' 써보세요. 단어 하나, 간판 이름, 누군가와 나눈 한마디, 인상 깊게 봤던 콘텐츠 제목, 지루했던 일상 등 어떤 것이든 좋아요.

제 지인은 가방 안에 손바닥 만한 노트를 항상 넣고 다니는데 그 노트에는 '갑자기, 문득 드는 생각'을 적는다고 해요. 버스를 타고 퇴근하는 길에 떠오른 저녁 메뉴나, 커피를 마시다가 떠오른 사람, 누군가와 대화를 나누는 중에 메모하고 싶은 말 등을 써둔대요. 얼마 전엔 그 노트에 써뒀던 내용을 기반으로 '브런치 스토리'라는 플랫폼에 글을 쓰기 시작했는데 벌써 다섯 편의 글을 완성했다고 하더라고요. 이를 계기로 전에는 생각해본 적 없던 작가의 꿈을 꾸게 됐다는 그의 얘길 듣는데 저도 덩달아 가슴이 벅차올랐어요. '뭐라도 그냥' 써보는 일이 나중에 가져다줄 놀라운 선물, 아마 여러분도 받으면 깜짝 놀라실걸요?

누구나 쓸 수 있는 기록들

아무거나 써보라는 말이 막막하게 느껴지는 분들도 있을 거예요. 한국인들이 가장 어려워하는 게 사람들 앞에서 자기소개하기, '무엇이든 좋으니 자유롭게 해봐'라는 말이잖아요. 이런 분들에겐 본인이 좋아하는 주제에 관해 기록해보길 추천합니다. 기록의 유익은 누구나 알지만 모두가 쓰지는 않아요. 앞서 말씀드렸듯 기록은 귀찮은 행위잖아요. 수고로운 이 일을 꾸준히 하려면 일단 '재미'라는 요소가 중요합니다. 재미를 느끼려면 먼저 자신의 관심사로부터 시작하는 게 쉬워요.

노트에 1번부터 30번까지 숫자를 쓰고 그 옆에 자신이 흥미를 느끼는 것들을 쭉 써보세요. 물건, 취미나 취향, 호기심이 가는 대상, 즐겨 보는 드라마 등 무엇이든 좋아요. 쓰다 보면 요즘 내가 어떤 것들에 관심이 있는지, 무엇을 좋아하는지 알 수 있어요. 특히 1번부터 10번까지는 현재의 내가 흥미를 느끼는 주제일 확률이 높아요. 저는 이런 것들을 적어봤어요.

플레이리스트, 건강한 요리 레시피, 가고 싶은 여행지, 보고 싶은 드라마, 위시리스트, 배우고 싶은 일, 빈티지, 산책, 편지, 식물 키우기….

이렇게 10번까지 채웠다면 그중 한두 가지를 골라 집중적으로 기록해보세요. 아마 작은 노트 한 권은 거뜬히 채울 수 있을 거예요. 예를 들어 '플레이리스트'가 주제라면 '아침에 듣기 좋은 노래' 또는 '비 오는 날 듣기 좋은 노래'처럼 분위기나 감정에 맞는 음악 리스트를 써보세요. 좋아하는 노래의 가사나 특정 음악에 얽힌 추억을 적어보는 것도 좋고요.

굴러다니는 노트에 제목을 붙이는 것도 하나의 방법이에요. 제목만 써넣었을 뿐인데 신기한 일이 일어납니다. 제목을 붙인 노트에 기록할 소재가 여기저기 눈에 보이기 시작하거든요. 마치 자동차를 구매할 계획이 생기면 어딜 가도 자동차만 보이는 것처럼, 노트에 제목을 붙이면 하루에도 몇 번씩 제목과 관련된 보물 같은 순간을 자주 만나게 될 거예요.

나만의 의미가 담긴 제목도 좋고, 좋아하는 단어나 마음에 드는 단어로 정해도 좋아요. 저는 '누군가의 말', '다정한 순간들', '나를 넓히는 단어들' 같은 이름을 붙여두고 수시로 쓰고 있답니다.

기록은 곧 삶을 대하는 태도

완벽주의에 대해서는 드리고 싶은 이야기가 정말 많아요. 왜냐하면 완벽주의에서 벗어나기까지 저도 꽤 오랜 시간이 걸렸거든요. 불렛 저널을 처음 쓸 땐 비싼 노트를 무려 세 권이나 갈아치웠어요. 첫 장을 망쳤다는 이유로요. 필사 노트를 쓸 땐 글씨를 잘못 쓰기라도 하면 얼마나 짜증이 났는지 모릅니다. 노트를 펼칠 때마다 잘못 쓴 글씨가 "나 여기 있소!" 하고 소리치는 것 같아서 스트레스를 받았어요.

  이 이야기에 공감하는 분이 많을 것 같은데요. 그거 아세요? 기록을 대하는 태도는 삶의 태도와 많이 닮았어요. 보이지 않는 미래를 걱정하며 시작을 망설이는 마음, 시도하는 일이 무탈하게 잘 진행되었으면 하는 바람, 실수 없이 이어가고 싶은 관계, 큰 노력 없이 얻고 싶은 성취, 남과 비교하느라 정작 나를 들여다보지 못하는 순간 같은 것들이요. 그래서 완벽주의 때문에 시작의 허들을 넘지 못할 때, 사실 방법은 딱 하나예요. 완벽하지 않더라도 시작해보는 거죠.

  아기가 처음 걸음마를 배울 때의 모습을 떠올려보세요. 수백 번 넘어지면서도 포기하지 않고 다시 일어서고 걷잖아요. 우리는 넘어져도 다시 일어서는 법을 배웠고, 서툰 일이라도 도전을 거듭해 익숙해지는 것을 이미 온몸으로 체득했어요. 그렇기 때문에 실수투성이어도 괜찮습니다. 그 경험을 통해 한 걸음씩 나아가면 되니까요.

  완벽한 삶이 없듯, 완벽한 기록은 세상 그 어디에도 없습니다. 글씨를 틀리면 수정 테이프로 지우면 되고, 페이지를 망치면 찢거나 그냥 넘기면 돼요. 기록으로 남기는 행위 그 자체가 중요하다는 걸 기억했으면 좋겠습니다.

기록을 뜻하는 영어 'record'는 라틴어 'recordari'에서 유래되었어요. 'recordari'는 '다시(re-)'와 '마음(cor, cordis)'이 결합되어 '기억하다', '반복하다', '기록하다' 등의 뜻을 지닌 단어고요. 즉 기록은 '다시 마음에 새기고 싶은 걸 남기는 행위'라고 볼 수 있어요. 그래서 완벽하게 쓰기보다, 내가 진심으로 남기고 싶은 것에 집중하는 게 중요합니다. 다시 마음에 새기고 싶은 순간을 남기는 일은 그 순간을 살아내는 나만이 할 수 있는 일이니까요.

지식과 경험을 통해 지혜를 얻을 수 있듯, 기록을 꾸준히 하면 나의 세계를 넓힐 수 있습니다. 수고스럽고, 조금은 막막하게 느껴져도 일단 많이 써봐야 하는 이유예요. 깊은 우물에서 물을 퍼 올리려면 한 바가지 정도의 마중물이 필요한 것처럼, 별것 아닌 가벼운 기록으로 시작해도 충분합니다.

그러니 용기를 내세요. 지금 이 순간의 작은 기록이 여러분의 세계를 확장하는 첫걸음이 될 테니까요.

이렇게 써보세요

write 01

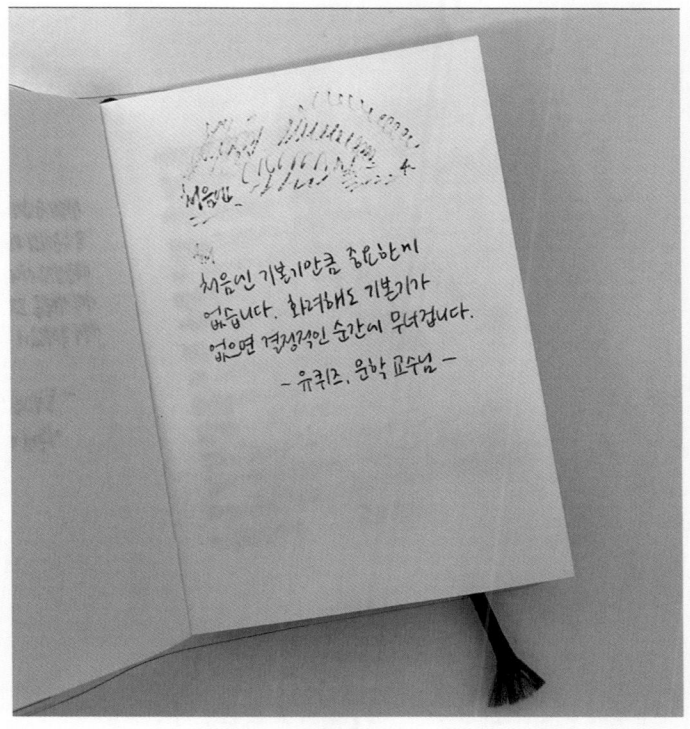

짧은 문장이나 가벼운 아이디어 등을 기록해두는 노트예요. 문득 문득 스치는 생각을 간단히 적어두는 노트를 만들어보세요. 떠오르는 순간 바로 써두는 게 중요해요. 긴 문장이 아니어도 좋아요. 키워드 몇 개만 적어둬도, 그 짧은 기록이 나중에 커다란 영감이 되어줄 테니까요.

기록을 대하는 태도는 삶의 태도와 많이 닮아 있다.
보이지 않는 미래를 걱정하며 시작을 망설이는 마음,
시도하는 일이 무탈하게 잘 진행되었으면 하는 바람,
빈틈 없이 이어가고 싶은 관계, 노력없이 얻고 싶은 성취,
남과 비교하느라 정작 나를 들여다보지 못하는 순간들.
그래서 완벽주의 때문에 시작의 허들을 넘지 못할 때,
사실 방법은 딱 한가지 뿐이다. 완벽하지 않더라도
시작해 보는 것.

오늘 하루가 별로여도 괜찮은 이유

#연력

'기록, 문구 덕후'인 저는 종종 기록과 관련된 여러 도구들을 선물 받곤 하는데요. 그중 꾸준히 잘 사용하고 있는 것 중 하나가 '연력'이라고 부르는 포스터 크기의 달력이에요. 전지를 반으로 접은 것만큼의 크기(신문 한 장 정도의 크기)라 주로 벽이나 방문에 붙여두고 사용합니다. 다이어리 맨 앞 장에 1년 치의 일정을 적어둘 수 있는 페이지와 양식이 비슷해요.

보통 눈에 잘 보이는 곳에 붙여두기 때문에 수시로 체크하기 쉽다는 장점이 있어요. 한 칸에 10자 내외의 글씨를 쓸 수 있고 365개의 빈칸이 있습니다. 1년을 한눈에 볼 수 있어서 대부분 해빗 트래커나 프로젝트 스케줄, 개인 일정을 적는 용도로 활용하는데요. 저는 조금 다르게 써보고 싶었어요. 뭘 써야 할지 한참 고민하다가 그날 있었던 일 중 기억에 남는 순간이나 상황을 짤막하게 적어보기로 했습니다.

새해 첫째 주 연력 예시

1일	2일	3일	4일	5일	6일	7일
cafe 99.9	챌린지온 옷이님 :)	엄마 수면 내시경	제주 →김포	병원 투어	강연 주제 프로필 전달	유튜브 미팅

달력의 칸을 채운 지 일주일이 지났을 때였어요. 1월의 첫 주인 만큼 희망과 설렘이 가득 차 있어야 할 시기인데 당시 전 너무 우울했습니다. 1월 1일부터 무조건 다이어트를 시작하겠다고 다짐하고 또 다짐했는데 카페에 가서 커피는 물론 디저트까지 먹었거든요. 다짐한 지 하루도 안 되어 내일로 미루는 제 모습이 실망스러웠어요. 그리고 강연 준비나 콘텐츠 제작을 위해 해야 할 일이 많은데 제때 하지 않아서 밤을 지새우고 있는 제게 화도 났습니다. 엄마의 수면내시경이 있었던 날에는 보호자가 곁에 있어야 하는 검사인데 자식들한테 미안해서 말 못하고 있던 엄마를 생각하며 울기도 했었고요.

그렇게 안 좋은 감정들이 가득했던 일주일이었어요. 그다음

주가 되어 기록을 하려고 벽에 붙여 있던 연력을 다시 봤는데 왠지 이전과는 다른 기분이 들더라고요. 스스로에게 실망한 순간이나 속상한 기억보다 '그래도 하루에 한 가지 뭔가를 했네? 괜찮은데?' 이런 생각이 드는 거 있죠. 지난 일주일을 한눈에 보니 꽤 괜찮은 시간을 살아낸 것 같은 기분이 들었어요.

어떤 일이 진행될 때 그 순간의 상황과 감정에 휩싸여 다른 것들이 잘 보이지 않을 때가 있잖아요. 시간이 지나고 한 발자국 떨어져서 보면 달라 보이는 것들이 있죠. 그때 제가 딱 그랬어요. 부정적인 감정에 사로잡혀 있을 땐 보이지 않던 것들이, 시간이 흐르고 마음이 가라앉자 비로소 보이기 시작했어요.

새해 첫날, 다이어트엔 실패했지만 분위기 좋은 카페를 발견해서 나름 기분이 좋았어요. 온라인에서 인연이 된 친구와 차 한 잔 마시며 인생 얘기도 나누었고요. 어린아이처럼 곤히 잠든 엄마의 손을 꼭 잡고 기도도 했고, 걱정했던 검진 결과도 별 이상이 없었어요. 강연 기회가 있어 설레는 마음으로 PPT를 만들었고, 유튜브 기획을 함께 하는 친구들과 아이디어가 샘솟는 미팅을 해서 마음이 들떠 있었죠.

연력의 칸을 채운 글자들이 마치 퍼즐 조각 같더라고요. 한 조각의 퍼즐은 그 자체로는 특별해 보이지 않고, 이것이 어떤 그림이 될지 상상하기도 어렵잖아요. 하지만 퍼즐을 모두 맞추고 나면 하나의 멋진 그림이 되듯, 제 일상의 작은 순간들도 연력의 칸에 차곡차곡 모여 결국 의미 있는 시간이 된다는 걸 깨달았어요.

연력에 늘 좋은 일, 의미 있었던 일만 쓴 건 아니에요. 종일 잠을 잤다거나, 어떤 음식을 먹었다거나, 집에 틀어박혀 있었다는 등의 하찮은 순간을 적기도 했습니다. 뭐가 됐든 칸을 채우는 것이 첫 번째 목표였거든요.

그렇게 서른 칸이 채워지니 30일간 꾸준히 기록했다는 사실에 성취감이 들기 시작하더라고요. 하루에 1분이 채 안 되는 시간을 투자했는데 내가 살아온 순간이 하나둘 더해져 시각화되는 게 신기했고요. 한 달 기록에 성공하고 나니 두 달, 석 달도 어렵지 않았고 어느덧 1년을 꽉 채웠습니다. 마지막 12월 31일의 칸을 채우고 볼펜의 뚜껑을 닫는 순간 이 글이 문득 떠올랐어요.

베어버리자니 풀 아닌 게 없지만

두고 보자니 모두가 꽃이더라.

_작자 미상

하루라는 단위에 집중할 땐 내가 살아온 365일 중 300일은 별로인 것 같았거든요. 그런데 달력에 기록된 일주일, 한 달, 6개월, 1년의 시간은 다른 말을 하고 있더라고요. 오늘 하루가 별로여도 괜찮았어요. 시간이 지나고 보니 힘들었던 날도, 무의미해 보였던 날도 모두 나를 만들어온 소중한 시간이었거든요.

마음에 들지 않는 하루를 베어버릴 풀처럼 생각하면 삶이 고달프지만, 가만히 두고 모아보면 나의 삶에 피어나는 꽃이 되더라고요. 그래서 오늘 하루가 눈물 날 만큼 힘이 들어도 너무 낙담하지 않게 되었어요. 어떤 날이든 앞으로 다가올 나의 날들에 도움이 되리라는 걸 아니까. 그리고 혹시 도움이 되지 않더라도 그 모든 순간이 나를 단단하게 만든다는 사실을 아니까.

하루에 1분씩, 1년에 365분 투자해서 이 정도의 깨달음을 얻는다면 가성비와 가심비 둘 다 잡을 방법이 아닐까요? 12월 31일, 한눈에 들어올 나의 1년을 기대하는 마음으로 연력 기록을 시작해보세요. 하루 1분의 시간이 내일의 나, 1년 뒤의 나를 지탱하는 단단한 지반이 되어줄 거예요.

write 02

이렇게 써보세요

연력의 빈칸은 생각보다 작아요. 그래서 짧은 시간에 힘들이지 않고 기록할 수 있어요. 그날 무엇을 했는지 5~10글자 내외로 작성해보세요. 내용과 관련된 마스킹 테이프나 스티커를 활용하는 것도 좋아요. 러닝을 한 날에는 뛰어가는 사람 스티커를, 카페에 간 날에는 컵케이크 마스킹테이프를 붙여줬더니 보기에도 예쁘더라고요.

오늘 하루가 별로여도 괜찮다. 시간이 지나면
힘들었던 날도, 무의미해 보였던 날도
결국 나다운 나를 만들어가는 소중한 시간이었다는 걸
알게 될 테니까.

하루를 두 번 살게 하는 일기의 힘

#날것의 일기

 누구나 한 번쯤 이런 경험이 있지 않을까요? 방학 숙제로 내준 일기를 개학 전날에 몰아서 써 내려간 경험 말이에요. 저도 자주 그랬답니다. 그날의 에피소드야 지어내면 그만이었지만 문제는 날씨였어요.

 '혹시 현정이(모범생 친구)가 쓴 일기 속 날씨와 달라서 선생님께 들키면 어쩌지?' 하는 걱정에 마음이 조마조마했던 기억이 납니다.

 방학을 맞아 뛰놀기 바빠서 그렇지, 일기 쓰는 걸 싫어하는 건 아니었어요. 오히려 좋아했죠. 초등학교 때 학교에서 나눠 준 일기장의 제목이 '나의 다짐 실천 기록장'이었거든요. 그날 겪은 일, 감정, 생각을 쓰고 나면 노트의 제목처럼 나의 다짐을 정리하고 실천하는 기분이 들었습니다.

일기장 귀퉁이에 색깔 볼펜으로 적어주신 선생님의 코멘트도 얼마나 소중했는지 몰라요. 제가 쓴 일기를 읽고 선생님은 과연 어떤 생각을 하셨을지 궁금해서 하굣길에 책가방을 열고 일기장을 펼쳐보기도 했었어요.

일기를 꾸준히 쓰고 싶은 이유

그럼 성인이 되고 나서도 일기를 꾸준히 썼느냐고요? 아니요. 일기를 쓰는 날보다 쓰지 않는 날이 더 많았어요. 바쁘면 바쁜 대로, 귀찮으면 귀찮은 대로 미루게 되더라고요. 노트에 쓰는 게 힘들면 블로그에라도 흔적을 남겨보려 했던 시절도 있었는데요. 그리 오래가지는 못했습니다. 온라인에 남기는 일기라고 생각하니 누가 볼 것 같아서 자꾸 글을 꾸미고 포장하게 되더라고요. 진짜 솔직한 내 마음이 아닌, 꾸며낸 일기를 시간 내서 쓰는 게 과연 의미가 있을까 싶어서 곧 그만두었어요.

그래도 가끔 일기를 쓰고 펼쳐보긴 했습니다. 어린 시절에 쓴 일기처럼 꾸준히 매일의 일상을 담지는 못했지만, 어떻게든 잘 살아보려고 고군분투하고 있는 지난 날의 제가 기록되어 있더라고요. 주로 부정적인 감정이 들 때 쓰곤 했어요. 속상하거나 짜증 나는 일이 있을 때, 누구에게도 털어놓지 못할 비밀이 생겼을 때, 스스로가 한심하게 느껴지거나 답답할 때, 우울할 때처럼요. 흥미로운 사실은 일기의 내용은 세상에서 제일 우울한데 가장 마지막 줄은 늘 희망적이었다는 거예요.

잘될 거라고 믿어. 내일부터 다시 시작하면 되지. 아자아자! 난 할 수 있다. 너만 그런 거 아니야. 긍정적으로 생각하자. 그럼에도 불구하고 해내면 되는 거야.

생각해보면, 일기를 쓴다는 건 내일을 기대하는 마음이 있다는 증거예요. 더 나아질 거라는 희망이 없다면 굳이 오늘을 기록할 이유도 없을 테니까요. 매일 쓰지 못할 때도 있고 한 줄 겨우 쓰는 날도 있지만, 그럼에도 계속 일기장을 펼쳐요. 이 작은 기록들이 저를 조금씩 앞으로 나아가게 해주는 힘이 된다는 걸, 일기장 속에 쌓여가는 하루하루가 모여 새로운 희망이 되어준다는 걸 아니까요.

마지막 줄에서 빛나는 희망의 말들

여러 번의 시험관 시술로 몸이 망가졌을 때도 한참 일기를 썼습니다. 아기를 지키지 못했다는 죄책감, 남편과 가족에게 걱정을 끼쳐 미안한 마음, 직업이 없는 백수라는 사실에 저 자신이 너무나도 초라하게 느껴졌어요. 남들은 일도 육아도 잘하며 살아가는 것 같은데 저만 깊은 동굴 속에 갇힌 기분이 들더라고요. 무쓸모한 존재, 세상에서 잊혀진 사람이 된 것 같았어요. 예고도 없이 우르르 몰려오는 감정 앞에서 제가 할 수 있는 건 두 가지였습니다. 우는 것 그리고 쓰는 것.

꺼이꺼이 울고 난 뒤 퉁퉁 부은 눈으로 라면을 먹고, 거울에 비친 제 모습이 초라해 또 한 번 울었어요. 더는 눈물이 나지 않을 때쯤 책상에 앉아 일기를 썼습니다. 그 누구에게도 공유하고 싶지 않고, 공유할 수도 없었던 날것의 일기를요. 꽤 긴 시간 동안 저와 제게 닥친 상황을 미워하는 글을 썼어요. 그렇게 마음속 이야기를 털어놓을 대로 털어놓고 나니, 어느 날부턴가 일기 마지막 줄에 희망의 말들이 보이더라고요.

괜찮아. 네 잘못이 아니야. 충분해. 다시 시작하면 되지. 축적의 시간이 주는 힘이 있잖아. 지금껏 그래왔듯 한 걸음씩 나아가보자.

일기 덕분에 내 마음의 알고리즘을 파악할 수 있는 데이터를 많이 축적했어요. 일기를 읽다 보니 알겠더라고요. 제가 언제 기쁜지, 언제 슬픔이 차오르는지, 어떤 상황에 어떻게 반응하는지, 어떤 가치관과 목표를 지향하는지를 말이에요. 좋은 일, 힘든 일이 영원하지 않다는 것도 알게 되었어요. 그래서 기쁜 일이 있을 땐 교만하지 않으려 노력하고, 마음이 힘들 때 너무 좌절하지도 않아요. 돌고 도는 게 인생이고, 어떤 순간이든 가장 중요한 건 그 일을 대하는 나의 태도일 테니까요.

누군가 말했어요. 일기를 쓰는 것은 하루를 두 번 사는 것이라고요. 한 번 경험한 삶을 다시 음미하고, 새롭게 해석하거나 더 깊이 이해할 수 있다는 의미겠죠. 두 번 사는 하루가 좋아서, 오늘을 한 번 더 기억하고 싶어서 요즘은 일기를 자주 씁니다. 그렇게 기록된 하루하루가 제 삶을 더욱 깊이 있게 만들어줄 거라 믿으며.

이렇게 써보세요

write 03

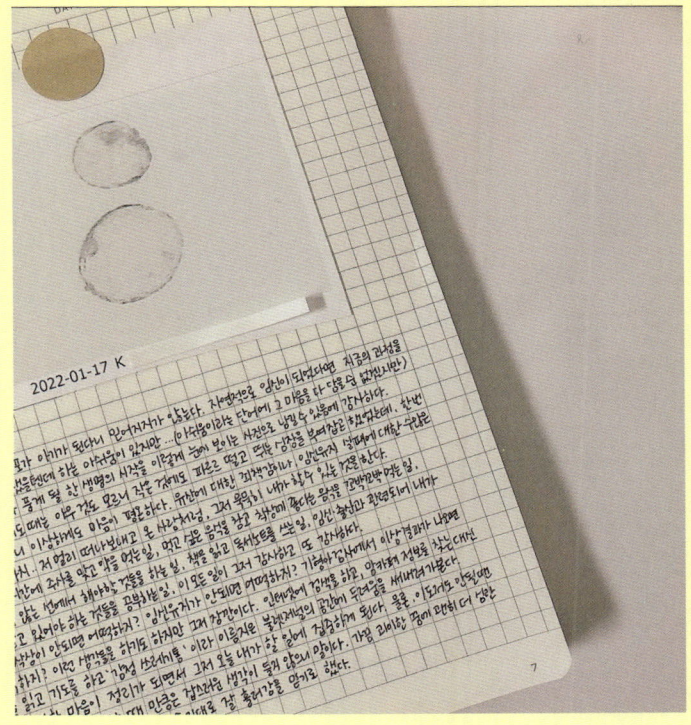

일기를 어떻게 써야 할지 고민된다면 너무 어렵게 생각하지 말고 딱 한 문장만 써보세요. 예를 들면 "오늘 아침 하늘이 참 예뻤다", "퇴근길에 만난 강아지가 귀여웠다", "친구랑 통화하며 한참 웃었다", 이런 식으로 써도 충분해요. 그날의 한 문장에 감정이나 생각을 덧붙이는 연습을 조금씩 하다 보면 일기를 쓰는 것이 어렵지 않은 순간이 올 거예요.

누군가 말했다. 일기를 쓰는 것은 하루를 두번 사는 것이라고.
한 번 경험한 삶을 다시 음미하고, 새롭게 해석하며 더 깊이
이해할 수 있다는 뜻이겠지. 두번 사는 하루가 좋아서,
오늘을 한번더 기억하고 싶어서 일기를 쓴다. 그렇게 기록된
하루하루가 나의 삶을 더욱 깊이있게 만들어가리라 믿으며.

오늘과 내일을 잇는 작은 루틴들

#루틴 트래커

한때는 직장을 다녔는데요. 그만둔 뒤로는 프리랜서 생활을 시작하게 되었어요. 지금은 콘텐츠 제작, 글쓰기, 커뮤니티 운영, 뉴스레터 발행, 강연 등 그때그때 할 수 있는 일을 하고 있습니다. 시간과 공간적 자유도가 높다는 측면에서 매우 만족스러운 생활을 하고 있는데요. 장점이 있으면 단점도 있기 마련이죠. 실은 지금처럼 일하기까지 루틴과 환경을 만드는 게 너무 힘들었어요.

직장인은 보통 9 to 6의 삶이잖아요. 전날에 무리해서 컨디션이 별로여도, 날씨가 화창해서 땡땡이를 치고 싶어도, 딱 10분만 더 자고 싶어도 출근 시간을 지켜야 하니 어떻게든 몸을 일으키

게 되는데 프리랜서는 침대에서 타협하는 몇 초의 시간이 그 하루를 결정하더라고요.

해야 할 일에 집중하기까지 시간이 걸리는 것도 문제예요. 보통 직장을 다닐 때 출근 시간이 한 시간 반이었거든요. 지금은 거실에서 서재까지 단 10초예요. 출근 시간이 획기적으로 줄었는데 일을 시작하기까지는 두 시간이 넘게 걸려요. 쓸데없는 일로 시간을 보내는 경우도 있지만, 무엇보다 집안일을 하는 시간과 업무 시간을 구분하는 일이 너무 어렵더라고요.

어느 날, 새벽 시간에 책상 앞에 앉아 있던 제게 남편이 이런 말을 했어요.

"남들 일하는 시간에 일하고 자는 시간에 잘 수 있게 루틴을 만들어보는 건 어때?"

그때부터 루틴을 만들기 위해 참 많은 시도를 했어요. 꾸준히 할 수 있는 아침 루틴을 만들면 애쓰지 않아도 하루를 잘 시작할 수 있을 것 같았거든요. 제 루틴의 핵심은 '아침 시간'을 기대하게 만드는 것이었습니다. 기대와 설렘이 생기면 일어나기 싫은 마음이 자연스레 사라질 거라고 생각했거든요.

루틴이 실패로 끝나는 이유

루틴을 어떻게 만들지 고민하다 보니 자연스레 다른 사람들의 루틴에도 관심이 가더라고요. 저는 손흥민 선수를 좋아해서 축구 경기를 수시로 보는데요. 손흥민 선수는 피치(경기장)에 그냥 들어가지 않아요. 피치 위 사이드라인을 오른발로 먼저 밟습니다. 그리고 다시 그 발로 한 번 더 점프해서 깨금발로 들어가요. 경기 시작 전에는 두 손을 모아 기도를 합니다. 적어도 9시간은 꼭 자려고 노력하고요.

독일의 철학자 임마누엘 칸트도 규칙적인 일상 루틴으로 유명한데요. 기상 시간은 새벽 5시예요. 그리고 일정한 작업 시간, 정기적인 강의, 오후 3시에 같은 경로로 하는 산책, 가벼운 식사와 독서를 하고 취침 시간은 밤 10시로 정해놓고 매일 빠짐없이 루틴대로 생활했습니다. 그의 일과는 매우 규칙적이어서 지역 주민들이 그의 일상을 보며 시간을 맞힐 정도였다고 해요.

유명한 사람들부터 주변 지인들까지 자기만의 루틴이 명확하게 있는 사람들의 이야기를 접하고 나니 얼른 나만의 루틴을 만들어보고 싶은 욕구가 생기더라고요.

많은 고민 끝에 제가 가장 먼저 시도한 건 헬스장 등록이었어요. 출근하는 기분으로 씻고 일을 시작하면 개운할 것 같기도 하고, 하루에 한 번 운동도 하면 좋으니 1석 2조, 1타 2피를 꿈꾸며 등록했습니다. 정기권이 훨씬 저렴하기도 하고 어차피 루틴으로 만들어 지속할 요량으로 과감하게 1년권을 끊었어요.

결과는 어땠을까요? 남편이 출근할 때 헬스장으로 출근하는 저를 상상했지만 사흘도 아니고 이틀 만에 실패했어요. 눈 뜨자마자 집 밖으로 나가는 것, 게다가 집을 나서서 가야 할 곳이 헬스장이라는 건 제 의지로 하기엔 어려운 일이더라고요. 또 한 번 헬스장 기부 천사 이력을 쌓았습니다.

방송에서 가수 이효리 님이 아침에 일어나자마자 차를 마시며 명상의 시간을 갖는 장면을 보고 난 뒤에는 티포트와 카페인 없는 여러 종류의 차를 구매하기도 했어요. 상상 속의 저는 아침에 눈을 뜨자마자 티포트에 물을 받고 오늘 마실 찻잎을 신중하게 골라 차를 우려낸 뒤, 소파에 앉아 창밖을 바라보며 우아하게 차를 마시는 거였는데…. 결국 며칠 만에 티포트는 중고 마켓으로 떠나갔고, 찻잎은 지인들에게 나눠 주는 것으로 막을 내렸습니다.

코로나 시절엔 '갓생'이 유행이었잖아요. 갓생의 기본은 일찍 일어나 아침을 시작하는 '미라클 모닝'이었고요. 새벽에 일어나 하루를 시작하면 훨씬 더 생산적인 아침을 보낼 수 있을 거라고 생각했어요. 미라클 모닝에 성공하면 추가로 하고 싶은 루틴도 따로 정해두었습니다. 성경 필사도 하고, 모닝 페이지도 쓰고, 뜨거운 물 위에 차가운 물을 넣어 마시면 좋다고 해서 음양탕까지 한잔 마시고 싶었어요.

하지만 이건 애초부터 성공하기 어려운 루틴이었어요. 전 밤에 늦게 자거든요. 이른 아침에 일어나려면 전날 일찍 잠자리에 들어야 하는데 그게 너무 어려웠어요. 잠드는 시간을 조절하려면 그전의 습관을 죄다 바꿔야 하니까요. 미라클 모닝도 그렇게 루틴 흑역사가 되었습니다.

사소한 것부터 시작하는 루틴 트래커

고군분투하는 시간이 결국 대실패로 끝나는 시기가 꽤 많았지만 포기하진 않았어요. 유명인들만 봐도 자신만의 루틴이 삶에 미치는 긍정적인 영향이 너무 분명하게 보였거든요. 그래서 유명한 사람들의 루틴을 따라 해보기도 하고, 나름대로 정한 루틴을 시도해보면서 방향을 잡아갔어요.

이때 큰 도움을 받은 게 '트래커(tracker)'인데요. 트래커는 어떤 활동이나 상태를 지속적으로 기록하고 추적하는 도구나 시스템을 의미합니다. 트래커를 사용하면 특정 목표를 향한 진척 상황을 모니터링하고 패턴을 분석하며, 개선할 부분을 찾아낼 수 있어요. 루틴을 비롯해 건강·업무·시간·공부 스케줄 관리 등 원하는 분야에서 활용할 수 있죠.

저의 초창기 루틴 트래커에는 아주 무거운 루틴들이 가득했어요. 무거운 루틴이란 실천하기까지 꽤 많은 행동이나 의지가 따라야 하는 것을 말합니다. 이를테면 새벽 6시에 일어나 모닝 페이지 쓰기, 독서 후 기억에 남는 문장 바로 블로그에 남기기 같은 것들이요. 루틴 만들기에 여러 번 실패하면서 알게 된 것이 있어요. 루틴은 처음부터 거창하고 무겁게 시작할 필요가 없다는 것, 아주 작게 쪼개서 부담 없이 실천 가능한 것부터 시작해야 한다는 것, 그리고 루틴이 습관이 되었을 때 거기에 또 다른 루틴을 하나씩 더해가면 된다는 것을요.

그래서 지금의 제 루틴 트래커에는 아주 작고 소소한 항목들이 적혀 있어요. 제가 좋아하고 잘 지킬 수 있는 것들로요. 한때는 '이게 루틴이라고 할 수 있을까?' 싶을 정도로 작았던 것들이었는데 이제는 습관이 되었고, 다른 루틴이 추가 되니 제법 체계적으로 보이기도 합니다.

모닝 루틴

1. 침대 이불 정리
2. 기지개 켜기
3. 짧은 기도
4. 유산균 섭취, 물 한 모금
5. 상쾌한 음악 듣기

6. 성경 필사, 문장 필사

7. 데일리 로그 작성

  루틴을 설명하면, 일어나는 시간은 매일 조금씩 다르지만 아침에 눈을 뜨자마자 가장 먼저 침대 이불을 정리합니다. 아주 간단한 일인데 성취감이 꽤 있고, 작은 일 하나를 해냈다는 뿌듯함으로 하루를 시작할 수 있어서 좋아요.

  이불을 정리하고 나면 거실에 나와서 '으아!' 하는 소리와 함께 힘껏 기지개를 켭니다. 그러곤 소파에 앉아 사랑하는 가족과 지인들이 무탈한 하루를 보낼 수 있게 해달라고 짧은 기도를 해요. 유산균과 함께 물 한 잔으로 건강을 챙기고, 커튼을 걷어 바깥 날씨를 살핍니다. 전날 썰어둔 토마토와 파프리카를 그릇에 담고, 비타민 물이 들어 있는 텀블러와 함께 책상에 앉아요.

  컴퓨터를 켠 뒤 듣고 싶은 음악 플레이리스트를 선택하고 성경 필사, 문장 필사를 30분 정도 한 뒤 불렛 저널을 펼쳐 데일리 로그를 채웁니다. 오늘 쓸 펜과 노트를 골라 키보드 옆에 올려두고요. 기상 후 실천한 루틴 항목에 완료를 의미하는 표시를 하고 나면 성취감과 오늘 하루도 잘 살아낼 것 같은 자신감이 생깁니다.

  루틴 트래커에 표시하지 못한 날에는 아침에 바쁜 일이 있진 않았는지, 급하게 하루를 시작한 건 아닌지 돌아보는 계기가 되기도 해요. 실천 결과가 한눈에 보이니 동기부여도 되고, 일상의 패턴을 점검할 수 있는 데이터가 됩니다. 그래서 루틴이 습관이 된 뒤에도 트래커를 계속 쓰고 있어요.

나만의 루틴을 만든다는 것은 나의 일상을 지키겠다는 다짐과도 같아요. 사소한 일에 고민하지 않겠다는, 시간을 더욱 충만하게 누리겠다는, 아침과 저녁 시간만큼은 나를 지탱해주는 것들에 시간을 쏟아보겠다는 그런 다짐이요.

때론 느슨하게, 때론 단단하게 엮여가는 나만의 루틴이 훗날 나의 삶에 어떤 변화를 가져올지, 어떤 새로운 가치를 더해줄지 기대하는 마음으로 하루를 살아보려 합니다. 여러분도 아주 작은 루틴들이 연결되고 이어져 만들어내는 의미 있는 변화를 꼭 누릴 수 있기를 바라요.

이렇게 써보세요

write 04

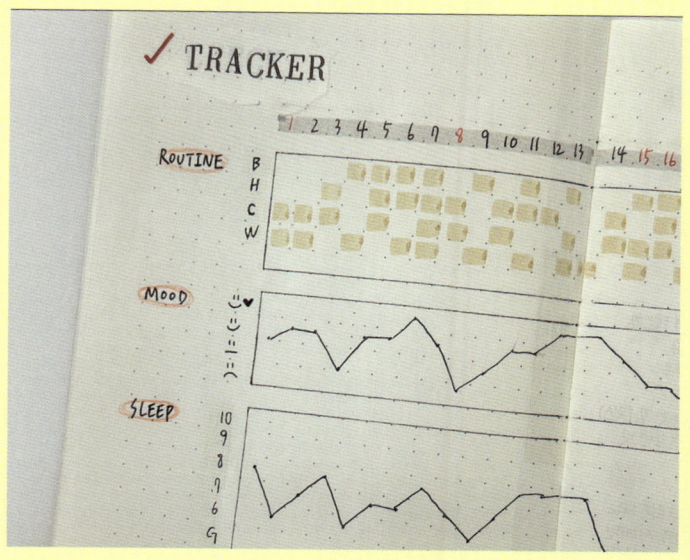

루틴 트래커는 매일 실천하고 싶은 활동을 정리하고 체크하는 도구입니다. 먼저 이루고 싶은 루틴을 설정하고, 트래커에 기록합니다. 해당 루틴을 완료할 때마다 형광펜, 볼펜, 스티커 등으로 표시해 보세요. 저는 루틴 외에도 기분(Mood), 수면(Sleep) 상태, 수면 시간 등을 함께 기록하고 있어요. 표 외에도 그래프 형식으로 표시할 수 있습니다. 트래커를 꾸준히 사용하면 작은 성취가 눈에 보이기 시작할 거예요.

여기서 작은 팁을 드릴게요. 만약 달성한 날이 적어 공백이 신경 쓰인다면, 해당 칸을 다른 색으로 체크해 보세요. 빈칸이 있을 때보다 훨씬 기분이 나아질 거예요!

나만의 루틴을 만든다는 것은 나의 일상을 지키겠다는 다짐이다.
사소한 일에 고민하지 않겠다는, 시간을 더욱 충만하게 누리겠다는,
아침과 저녁 시간만큼은 나를 지탱해 주는 것들에 시간을 쏟아
보겠다는 그런 다짐.

> length
> 05

찰나의 순간을 오래 간직하는 비결

#포토로그

저는 스물네 살에 독립했고 서른한 살에 결혼했어요. 자취할 때는 나만의 공간에서 누리는 자유가 좋았고, 결혼 후에는 남편과 함께 만들어가는 날들이 즐거웠어요. 하지만 멀어진 거리만큼 부모님을 자주 못 뵙는 게 속상하더라고요. 바쁘단 핑계로 부모님의 따스한 품을 잊고 살다가 문득, 그리움에 눈물이 핑 돌 때가 있는데요. 전화하기는 쑥스러워서 괜히 스마트폰에 있는 사진을 뒤적여보곤 합니다. 아주 한참 스크롤을 내리거나 수년 전 웹하드 폴더를 뒤져야만 만날 수 있는 사진을 가만히 보고 있노라면 아빠가 돌아가실 때 했던 다짐을 다시 한 번 떠올리게 돼요.

'나중에 후회하지 말고 엄마의 모습을 많이 담아두어야지.'

그래서 친정에 가면 엄마의 일상을 파파라치처럼 수시로 찍습니다. 큰딸이 아니면 누가 사진을 찍어주겠냐며 생색을 내곤 하지만, 사실 제가 찍은 사진을 안주 삼아 엄마와 속 깊은 대화를 나눌 수 있는 게 참 좋아요. 아빠와의 추억 얘기도 유쾌하게 할 수 있고요.

그러다 보면 가끔 엄마가 옷장 깊숙이 넣어뒀던 앨범을 꺼내 오기도 하는데요. 제 기억에는 없는 갓난아기 시절부터 가족과 함께했던 추억, 살았던 동네, 안부가 궁금해지는 친구들까지, 추억 속 장면에 머무르게 만드는 사진이 가득해서 시간 가는 줄 모르고 들여다보게 됩니다.

여기에 최고의 스토리텔러, 엄마의 이야기가 더해지면 그날 밤은 술을 안 마셔도 추억에 취해서 알딸딸해져요. 사진엔 보이지 않는 뒷이야기를 어찌나 맛깔나게 풀어내는지 '방구석 사진전시회'가 따로 없다니까요. 이미 한참 지나버린 시간을 이토록 어제 일처럼 생생하게 추억할 수 있다니, 그게 사진의 힘인 것 같아요.

추억을 꺼내올 수 있다면

전 피사체에 애정을 가득 담아 사진 찍는 행위를 꽤 좋아하는데요. 많고 많은 순간 중에서 바로 지금, 가장 담고 싶은 장면 딱 하나를 마음대로 고를 수 있다는 건 너무 근사한 일이잖아요. 세월이 흘러도 어제 일처럼 그때를 떠올릴 수도 있고요.

스마트폰이 나온 뒤로는 원하는 때에 바로 사진을 찍을 수 있어서 얼마나 좋은지 몰라요. 버튼만 누르면 효과나 비율도 마음대로 정할 수 있고, 여러 장 찍어서 가장 잘 나온 사진을 선택할 수도 있으니까요. 다만 아쉬운 점이 하나 있다면 쉽게 찍은 만큼 쉽게 잊힌다는 게 아닐까 싶어요. 찍어둔 사진이 너무 많기도 하고, 언제든 원하면 찾아볼 수 있으니까요.

전 사진을 '오래 간직하고 싶어서' 찍거든요. 기억 속에서 사라질 뻔한 소중한 순간들을 생생하게 되살리려면 기계 안에 있는 사진을 밖으로 꺼내야겠다고 생각했어요. 찍는 건 디지털로 하지만 보는 건 아날로그로 만들어야겠다고요.

실행에 옮기려니 사진 인화에 대한 고민이 생겼어요. 매번 인화를 맡기자니 비용도, 보관도 번거로울 것 같았거든요. 마침 사놓고 방치해뒀던 포토프린터가 생각났습니다. 전용 앱에 들어가 보니 한 장의 필름에 2분할 인쇄가 가능하더라고요. 출력된 사진 크기가 '인생네컷' 스티커 사진 한 컷 정도라 크기도 적당하고 노트에 붙이기도 좋을 것 같았어요.

사진을 인화할 준비를 마치고 나니 적당한 노트가 필요했습니다. 사진에 대한 짧은 코멘트를 같이 적고 싶었거든요. 여러 노트를 찾아보다가 칸이 6×6 정도 되는 먼슬리 내지가 있는 노트를 발견했는데요. 인화한 사진을 붙이고 살짝 남은 여백에 코멘트를 쓰면 딱이겠더라고요. 노트의 이름은 '2024 포토로그'라고 지었습니다. 노트를 만들고 나서 1~2주에 한 번씩 포토로그의 칸을 채우고 있어요.

포토로그 쓰는 법

우선 그간 찍어둔 사진을 쭉 봅니다. 여러 장 찍었거나 캡처해둔 사진이 있으면 가장 잘 나온 사진, 나중에 볼 것 같은 사진만 남겨두고 삭제하는 일을 가장 먼저 해요. 그다음엔 날짜에 맞는 사진 중에서 인화하고 싶은 사진 딱 한 장을 고르는데요. 이 작업, 꽤 신중해지더라고요. 먼슬리 칸에 붙일 수 있는 사진은 한 장이거든요.

찍어둔 사진이 없는 날짜에는 다른 날짜의 사진을 뽑아서 붙이거나 빈칸으로 두기도 합니다. 사진을 붙이고 난 여백에는 사진에 대한 소감을 한두 줄 써두고요. 찍은 순간의 기억, 함께했던 사람이나 장소 등을 떠올리며 인화한 사진이라 그런지 노트를 빼곡히 채운 사진들이 더욱 소중하게 느껴집니다.

기계 안에 담겨 있던 사진을 밖으로 꺼내는 작업을 했을 뿐인데 많은 것이 달라졌어요. 일단 스마트폰의 용량과 씨름하지 않게 되어서 좋습니다. 스마트폰 사진을 정기적으로 정리하게 되어 보고 싶은 사진을 찾는 것도 쉬워졌고요.

무엇보다 가장 좋은 건, 기억하고 싶었던 순간이 아주 선명하게 떠오른다는 거예요. 포토로그 노트를 쓰면서 살아온 시간을 적어도 세 번 이상 보게 되었거든요. 찍어둔 사진을 보면서, 인화한 사진을 붙이면서, 붙여둔 사진에 코멘트를 쓰면서요. 여러 번 보는 것이었어요, 찰나의 순간을 오래 간직하는 비결은.

'간직한다'라는 말은 생각이나 기억을 마음속에 새겨둔다는 뜻이잖아요. 하지만 사람의 마음은 돌처럼 단단하지 않아서 무언가를 새기려면 한 번, 두 번, 세 번, 보고 또 보면서 잊지 않기 위해 노력해야 하더라고요. 그러니까 우리, 조금은 귀찮고 불편하더라도 세상에 하나뿐인 사진 기록을 남겨보면 어떨까요?

소중한 순간을 오래오래 간직하면서, 바래지 않는 기억으로 마음에 새겨지도록.

이렇게 써보세요

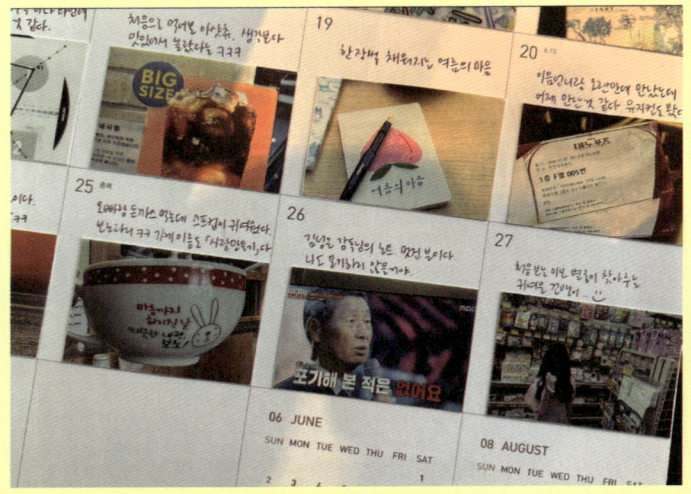

직접 찍은 사진도 좋고, 기억에 남는 화면을 캡처한 사진도 좋아요. 중요한 건 '어떤 순간을 남기고 싶은가'입니다. 사진을 붙이고 그 위나 아래에 짧게 코멘트도 써보세요.

저는 TV 프로그램 〈최강야구〉에서 김성근 감독님의 명언이 기억에 남아 사진을 붙이고 이런 말을 써놓았습니다. '나도 포기하지 않을 거야.'

세상에 하나뿐인 사진 기록을 남겨보자.
소중한 순간을 오래오래 간직하면서,
바래지 않는 기억으로 마음에 새겨지도록.

일상을 정리하는 또 다른 방법

#건강 기록

다이어리에 일과를 쓰다 보면 자연스레 건강 기록도 함께 남기게 됩니다. 요즘은 데일리로그 페이지에 투두리스트와 함께 삼시세끼 무엇을 먹었는지, 영양제와 물 섭취 여부, 전반적인 컨디션 등을 꾸준히 적고 있어요. 가끔 체중이나 운동한 시간 등을 적기도 하고요.

건강 상태를 매일 기록하면 뭐가 달라지는지 궁금하다는 질문을 종종 받곤 했는데요. 그때마다 "안 적는 것보다는 낫지 않을까요?"라고 조금은 흔하고 뻔한 대답을 했었어요. 그런 대답을 할 수밖에 없었던 게 사실은 건강을 기록하는 것에 대해 별 생각 없었기 때문입니다. 다이어리를 쓰는 사람이라면 페이지

구석에 으레 써놓는, 그런 항목이거든요. 그러고 보니 저도 궁금하네요. 건강을 꾸준히 기록한다고 해서 살이 쭉쭉 빠지는 것도 아니고, 눈에 띄게 건강한 생활을 하게 되는 것도 아닌데 매일 쓰는 이유가 뭔지 말이에요.

일상의 호흡에 안부를 묻는 일

여행을 갔다가 우연히 참여했던 요가 원데이 클래스에서 들은 이야기입니다. 요가 강사님이 동작을 시작하기 전 요가의 본질과 호흡에 관해 이런 이야기를 해주셨어요.

"요가 동작은 호흡을 잘하기 위해서 하는 거예요. 지금 나의 호흡으로 할 수 있는 만큼 몸을 적응시켜 가면서 서서히 하는 것이 중요합니다. 무리해서 멋진 동작을 하려고 하면 숨을 참게 되고, 숨을 참게 되면 몸이 긴장하겠죠. 몸이 긴장하면 호흡을 제대로 할 수 없어요.

바쁜 현대 사회를 살아가는 우리는 숨을 제대로 쉬고 있는지조차 모르며 살아갑니다. 긴장이 풀리지 않은 채로 잠이 들었다가 긴장한 상태로 다시 눈을 뜨는 삶 속에 놓여 있지요. 그래서 자연스러운 호흡을 하고 있는지 알아차리려는 의식적인 노력이 필요합니다. 요가를 할 때도, 일상에서도 편안하게 숨을 마시고 내쉴 수 있어야 해요."

요가 클래스를 들은 날 밤에도 여느 때와 다름없이 다이어리를 썼습니다. 하루의 리뷰를 적는 칸에 인상 깊었던 '일상의 호흡'이라는 말을 쓰고 별표를 해두었어요. 늘 익숙하게 적는 삼시 세끼, 섭취한 물의 양, 운동 시간도 기록해두었고요. 다이어리를 덮으려는 찰나에 왜 그런 생각이 들었는지 모르겠지만, 문득 다이어리 앞장부터 차근차근 다시 읽어보고 싶어졌습니다.

○월 ○일

오늘의 세끼

맥도날드 스낵랩, 생선가스, 붕어싸만코, 제로콜라, 떡볶이, 순대, 튀김, 치킨

코멘트

시간이 없어서 배달 음식 위주로 시켜 먹음. 수면 패턴 엉망. 손목과 골반 쪽에 불편한 통증이 있음. 헬스장 출석 못 함. 무기력함. 마음만 바쁨.

△월 △일

오늘의 세끼

채소 샤브샤브, 아보카도 샌드위치, 오트밀 미역죽, 두부 리소토

코멘트

'하루 정도는 괜찮겠지' 하는 마음이 쌓이면 금방 원래대로 되돌아간다는 걸 잊지 말자! 내일부터 샐러드가 배송되니까 식단도 잘 지켜보자고! 할 수 있다! 걷기 운동이 귀찮기는 하지만 막상 하고 오면 그렇게 뿌듯할 수가 없다!

기록을 읽어보니 인스턴트 식품과 배달 음식을 자주 먹은 시기에는 부정적인 감정이 가득했어요. 돌이켜보면 그럴 때는 늘 긴장 속에 살았고, 조바심에 전전긍긍 했더라고요. 반면 건강한 음식을 챙겨 먹은 날들의 기록에는 긍정적인 마음가짐이 가득했어요. 같은 상황이라도 더 희망적으로 바라보았고, 운동도 꾸준히 했더라고요.

무심코 써 내려간 건강 기록이 사실은 매일매일 나의 몸과 마음에 안부를 묻는 일이었던 거예요.

'오늘 하루 어땠어?', '밥은 잘 챙겨 먹었니?', '불편하거나 아픈 곳은 없어?', '마음은 편안하니?' 등을 물으며 일상의 호흡을 살피는 시간이기도 했고요.

편안하게 숨 쉬는 날보다 잔뜩 긴장하며 살아가는 날이 훨씬 많은 우리지만, 그럴수록 나의 일상에 틈틈이 안부를 물었으면 좋겠습니다. 숨이 가쁜 날엔 하던 일을 잠시 멈추고 깊게 숨을 쉬어보세요. 잠시라도 나만의 여유를 갖고 호흡을 천천히 고르며 마음의 긴장을 풀어보세요.

몸과 마음이 건네는 이야기를 잘 들으며, 나 자신과 보다 좋은 관계를 맺어나가는 건강한 우리가 될 수 있기를.

write 06

이렇게 써보세요

하루를 마무리하며 삼시세끼 무엇을 먹었는지 간단히 적어보세요. 각 끼니의 맛은 어땠는지, 식사 후 기분은 어땠는지도 함께요. 가벼운 스트레칭이나 운동을 했다면 그 내용도 적어보세요. 마지막으로, 내 몸의 컨디션을 체크하는 시간을 가져보세요. 이렇게 매일의 식사와 운동, 그리고 기분을 기록하다 보면 나의 건강 패턴이 보이기 시작하고, 일상 속에서 나의 호흡을 알아차리는데 큰 도움이 될 거예요.

나의 일상에 틈틈이 안부를 물었으면 좋겠다.
안부를 묻는 순간만큼은 긴장을 풀고, 깊게 호흡하며,
몸과 마음이 건네는 이야기를 잘 들어보자.
나 자신과 보다 좋은 관계를 맺어나가는
건강한 내가 되도록.

인생에 큰 그림을 그려보자면

#만다라트

어린 시절 거실 풍경을 회상하면 '스포츠 중계'가 가장 먼저 떠오릅니다. 축구를 좋아하는 엄마는 월드컵 같은 굵직한 축구 경기를 꼭 챙겨 봤고, 한화 이글스의 골수팬인 아빠는 야구 중계를 놓치지 않았거든요. 그 영향 때문인지 저도 스포츠를 좋아하는 어른으로 자랐습니다.

요즘은 야구계의 전설을 써 내려가고 있는 오타니 쇼헤이 선수에게 푹 빠졌는데요. 얼마 전 그는 메이저리그에서 한 시즌에 50개의 홈런과 50개의 도루에 성공하는 대기록을 세웠어요. 실력뿐 아니라 인성과 태도 등 뭐 하나 나무랄 데가 없는 그야말로 이 시대 최고의 선수입니다.

대기록을 세우기 전에도 이 선수가 잘될 수밖에 없다고 생각한 계기가 있었는데요. 바로 '만다라트(Mandal-art) 계획표' 때문입니다. 오타니 선수가 고등학교 1학년 때 만든 계획표인데요. 일본 야구 여덟 개 팀으로부터 신인 드래프트 1번으로 지명받는 것을 핵심 목표로 잡고 몸 만들기, 멘털, 인간성, 운, 변화구, 스피드, 구위, 제구 등 여덟 가지의 세부 목표를 정한 뒤, 각각의 목표를 성취하는 데 필요한 계획들을 정리한 내용입니다.

그가 원래부터 훌륭한 피지컬을 갖고 있고 남다른 재능을 타고났기에 그런 결과를 내는 것이라고 생각했던 적도 있었는데요. 촘촘히 짜여진 그의 만다라트 계획표를 보는 순간 그런 생각이 쏙 들어갔습니다. 어린 시절부터 꿈과 목표를 이루기 위해 달려온 오타니 선수의 땀과 노력이 그 안에 고스란히 담겨 있더라고요.

사실 이전에도 만다라트 계획법을 알고 있었고, 목표를 시각화하는 좋은 방법이라고 생각했었거든요. 하지만 81개의 칸을 채우는 것이 부담스러웠고 어떤 내용을 적어야 할지 막연했어요. 그런데 요즘은 만다라트 계획표를 통해 삶의 전반적인 영역을 한눈에 살펴보며 우선순위를 점검하고 있습니다. 한정된 시간과 에너지를 어떻게 분배하고 활용할지 더 명확하게 계획할 수 있어서 좋아요.

오타니 선수의 만다라트

몸 관리	영양제 먹기	FSQ 90kg	인스텝 개선	몸통 강화	축 흔들리지 않기	각도를 만든다	공을 위에서 던진다	손목 강화
유연성	몸 만들기	RSQ 130kg	릴리즈 포인트 안정	제구	불안정함 없애기	힘 모으기	구위	하체 주도
스태미너	가동력	식사는 저녁 7, 아침 3	하체 강화	몸을 열지 않기	멘털 컨트롤	볼을 앞에서 릴리즈	회전 수업	가동력
뚜렷한 목표를 가진다	일희일비 하지 않기	머리는 차갑게 심장은 뜨겁게	몸 만들기	제구	구위	축을 돌리기	하체 강화	체중 증가
펀치에 강하게	멘털	분위기에 휩쓸리지 않기	멘털	8구단 드래프트 1순위	스피드 160km/h	몸통 강화	스피드 160km/h	어깨 주위 강화
마음의 파도를 없애기	승리의 집념	동료를 배려하기	인간성	운	변화구	가동력	라이너 캐치볼	피칭 늘리기
감성	사랑받는 사람	계획성	인사하기	쓰레기 줍기	부실 청소	카운트볼 늘리기	포크볼 완성	슬라이더 구위
배려	인간성	감사	물건을 소중히 사용	운	심판을 대하는 태도	늦게 낙차 있는 커브	변화구	좌타자 결정구
예의	신뢰받는 사람	지속력	플러스 사고	응원받는 사람 되기	책 읽기	직구와 같은 폼 던지기	스트라이크 던지는 제구	거리 이미지 트레이닝

만다라트는 3×3 격자로 이뤄진 아홉 개의 사각형으로 구성되어 있는데요. 중앙 사각형에는 핵심 목표나 주제를 적고, 주변 여덟 개 사각형에는 핵심 목표를 달성하기 위한 세부 목표나 방법을 적습니다. 각 세부 목표는 다시 새로운 3×3 격자의 중심이 되어 더 구체적인 행동 계획을 적어둘 수 있어요.

핵심 목표와 세부 목표 키워드를 적기까지 꽤 많은 시간이 소요되는 편이지만, 인생의 우선순위를 고민하는 일이기에 꼭 필요한 시간이라고 생각합니다. 저는 세부 목표 키워드를 적는 여덟 개의 칸을 다섯 칸으로 줄여 사용하고 있어요. 여덟 칸일 때보다 부담도 덜하고, 다섯 칸으로도 충분하더라고요.

만다라트 계획법을 사용하면서 가장 좋은 점은 목표를 명확하고 구조화된 형태로 정리할 수 있다는 건데요. 큰 그림과 세부 계획을 한눈에 파악할 수 있고, 중요하게 여기는 삶의 영역을 고려할 수 있어 균형 잡힌 계획을 세우는 게 가능해집니다.

저는 '신앙, 가족, 건강, 일, 재정' 이렇게 다섯 가지 영역을 핵심 키워드로 두고 세부 계획을 세우고 있어요. 주간, 월간 회고를 할 때도 주로 다섯 가지 키워드를 중심으로 성찰하는 시간을 따로 두고 있고요. 한쪽으로 치우친 시기를 보낼 때는 만다라트 계획표를 보면서 어느 쪽 키워드의 균형을 맞춰야 할지 체크할 수 있는 것도 이 도구의 장점입니다.

우리는 모두 저마다의 꿈을 가지고 살아갑니다. 그 꿈을 이루기 위해 필요한 것은 명확한 방향과 구체적인 계획일 거예요. 만다라트는 그 꿈을 향한 지도가 되어줄 수 있습니다.

완벽하지 않아도 좋아요. 작은 목표 하나를 시작으로, 만다라트를 천천히 채워보는 건 어떨까요?

이렇게 써보세요

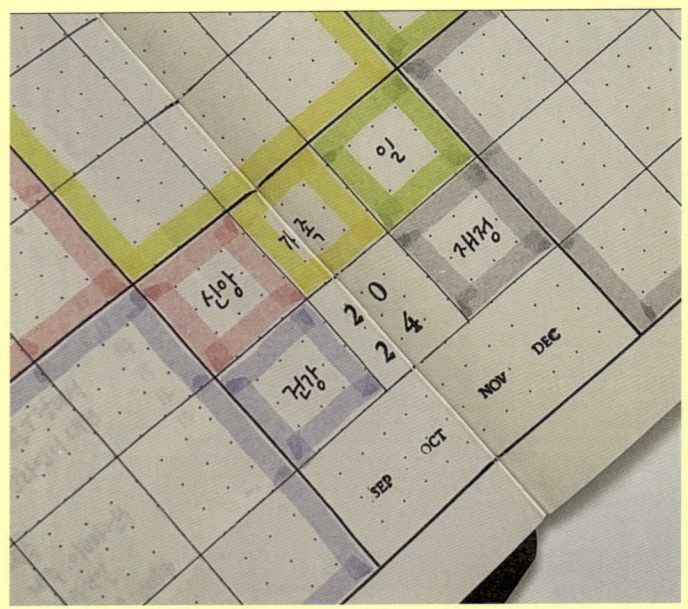

만다라트는 목표 설정과 아이디어 정리를 위한 시각적 도구로, 중앙에 주제를 놓고 주변에 관련된 세부 목표를 배치하는 방식입니다.

1. 가장 중앙에 달성하고 싶은 주제나 목표를 적습니다.
2. 그 주제와 관련된 다섯 개의 세부 목표를 주위에 작성합니다.
3. 각 세부 목표에 대해 다시 여덟 개의 실행 가능한 액션 아이디어를 작성해 2차 목표를 추가합니다.
4. 필요한 경우 우선순위를 매기거나 계획을 세워 실행에 옮깁니다.

꿈을 이루기 위해서는 명확한 목표와 구체적인 계획이 필요하다. 처음엔 목표를 세우고 계획을 짜는 일이 버겁게 느껴질 수 있다. 하지만 이는 우리 삶의 우선순위를 정하는 일이기에 그만큼 시간을 들일 가치가 있다. 완벽하지 않아도 좋다. 작은 목표 하나부터 써 내려가보자.

2장 | 넓이

관찰과 수집으로 이룬 재발견

기록은 나를 재발견하는 여정이기도 하다. 내면의 풍경을 들여다보고, 타인의 모습을 관찰하며, 낯선 곳에서의 경험을 담아내다 보면 나와 세상을 보는 눈이 달라진다. 감정 일기로 마음의 결을 살피고, 타인 관찰 일지로 다양한 시선을 배우며, 여행 노트로 새로운 세계를 담아내보자.

이런 기록들이 쌓이면 미처 알지 못했던 나의 모습을 발견하게 되고, 더불어 세상에 대한 이해도 넓어질 것이다.

생각보다 나는 더 괜찮은 사람

#셀프 탐구 일지

이 시대 최고의 멘토 중 한 사람인 오은영 박사님이 나오는 프로그램을 종종 보곤 하는데요. 육아, 결혼, 일상에서 어려움을 느끼는 이들의 모습을 주의 깊게 관찰한 뒤 행동에 숨은 심리를 분석하고 맞춤형 대안까지 제안하는 박사님의 모습을 보노라면 사람에 대한 이해의 폭이 넓어지는 기분이 듭니다. 눈에 보이는 모습만으로 사람을 판단하면 안 된다는 교훈도 얻게 되고요.

특히 기억에 남는 에피소드가 있습니다. 폭력 성향이 있는 아이의 문제 행동이 담긴 화면이었는데요. 출연한 아이의 부모님과 패널들이 걱정스러운 표정을 지으며 한숨을 쉬더라고요. 저도 마찬가지였고요. 하지만 오은영 박사님은 그 아이의 몸짓, 어휘, 전후 사정 등을 종합적으로 관찰했어요. 겉으로 보이는 행동 이면에 숨겨진 아이의 스트레스와 불안을 분석하고, 언어 사용과 상황적 맥락을 종합적으로 고려해 문제 행동의 원인을 찾아냈죠.

박사님의 해석을 듣는 순간, 그곳에 있던 모든 어른의 표정이 확 바뀌었습니다. 부모님은 아이의 마음을 알아주지 못한 미안함에 눈물을 흘렸고요.

프로그램을 볼 때마다 깨닫게 됩니다. 한 사람을 단면적으로만 보고 판단하면 중요한 것들을 놓치게 된다는 것을요. 이는 타인을 바라보는 시선뿐만 아니라 자신의 내면을 들여다보는 방식에도 동일하게 적용되더라고요. 특히 스스로가 생각하기에 좋지 않은 모습, 마음에 들지 않는 모습일수록 부정적인 말로 규정하고 단정 짓게 됩니다.

가령 '꾸준히 하는 것에 늘 실패하는 사람', '쓸데없이 감정이입 잘해서 안 해도 될 걱정을 사서 하는 사람', '생산적인 것보다 비생산적인 것에 시간을 쏟는 사람', '반복하는 걸 싫어해서 뭐 하나 제대로 하는 게 없는 사람', '깊이 아는 분야가 하나도 없는 사람', '나보다 남의 시선이 중요한 사람'처럼요.

나를 좀 더 멀리서 바라보는 습관

우연히 인스타그램에서 '셀프 탐구 일지'라는 게시물을 봤습니다. 저처럼 기록을 좋아하는 친구가 자기 자신에 대해 써둔 기록이었는데요. 무엇보다 '탐구'라는 단어가 눈에 들어왔어요. 국어사전을 찾아보니 '파고들어 깊이 연구한다'라는 뜻이더라고요. 꼭꼭 숨겨져 있어서 잘 보이지 않는 내 모습을 찾고 연구하다 보면 나에 대한 내 인식도 달라질 수 있지 않을까 싶었어요. 그래서 저만의 셀프 탐구 일지를 시작했습니다.

셀프 탐구 일지는 따로 양식이 정해져 있지 않아요. 말 그대로 탐구해보는 겁니다. 내가 어떤 사람인 것 같은지 자세히 적으면서 알아가 보는 거죠. 나의 생활 리듬은 어떠한지, 아이디어를 기록하는 방식은 어떤지, 날씨나 소리가 나의 감정에 미치는 영향은 무엇인지 등 다양한 측면에서 나를 들여다봅니다. 아침에 더 활발하게 움직이는 사람인지 아니면 밤에 집중력이 높아지는 사람인지, 계획을 철저히 세우고 움직이는 편인지, 즉흥적으로 행동하면서 자유로움을 느끼는 편인지…. 또 빗소리를 들을 때 마음이 차분해지고 안정감을 느끼는지 아니면 외로움이나 쓸쓸함이 더 커지는지 등을 자세하게 적어보는 거예요.

혹은 '관찰자의 시선'으로 일상을 기록하는 방법도 있습니다. 카메라가 나의 하루를 담아내듯이 객관적으로 행동을 기록하고, 그 속에 담긴 의미를 분석해보는 것이죠. 마치 오은영 박사님처럼 나만의 심리 분석가가 되어 스스로를 이해해가는 과정입니다.

<u>20△△년 △월 △일 셀프 탐구 일지</u>
아침에 눈을 떴지만 바로 일어나지 않고 한참을 침대에 누워 뭉그적거린다. 스마트폰을 켜서 이것저것 보다가 끄기를 반복한다. 갑자기 메모장을 열어 뭔가를 열심히 적는다. 왜 바로 일어나지 않을까? 일찍 일어나기 싫은 건가? 게으른 건가? 메모장에 무엇을 적었을까? 메모장을 확대해서 보니 이런 내용이 적혀 있다.

"불렛 저널 입문 가이드 전자책을 써볼까? 불렛 저널 원서가 있으니 참고할 수 있는 자료도 있고, 내가 생각하는 불렛 저널의 매력에 대해서도 여러 가지를 쓸 수 있을 것 같다. 불렛 저널에 쓸 수 있는 다양한 주제도 함께 적으면 좋겠다. 처음부터 완벽할 순 없고 전자책을 쓴 뒤 업그레이드하는 방향으로 써보는 건 어떨지."

이 메모를 보고 깨달았다. 침대에서 바로 일어나지 않는 이유는 게을러서가 아니라 일과를 계획하거나 공상을 하거나 떠오르는 생각을 정리하는 시간이었던 거다. 스쳐 지나가는 생각을 기록해 붙잡아두는 좋은 습관이었다.

특히 평소 부족하고 개선해야겠다고 여겼던 모습과 단점을 좀 더 자세히 들여다보며 오은영 박사님처럼 다양한 측면에서 해석해보려고 노력했어요. 나 자신을 더 깊이 살피고 탐구하려는 노력을 조금 더 했을 뿐인데 게으른 사람이 침대 위에서의 사색을 즐기는 이가 되고, 꾸준하지 못한 사람이 다양한 분야에 호기심이 많은 사람으로 바뀌더라고요.

동굴 속에서 횃불을 들고 무언가를 찾는 게 쉽지 않듯 내면을 탐구하는 일은 그리 간단하지 않아요. 시간도 꽤 걸리고요. 하지만 나의 모습을 종이에 쓰고 읽고 생각하며 탐구하는 일은 나를 이해하는 방법 중 가장 쉽더라고요. 내가 알고 있는 나의 모습에 대해 일단 써보세요. 그러면 노트가 천천히 내게 건네는 말이 있을 거예요.

'너는 생각보다 괜찮은 사람이야.'

write 08

이렇게 써보세요

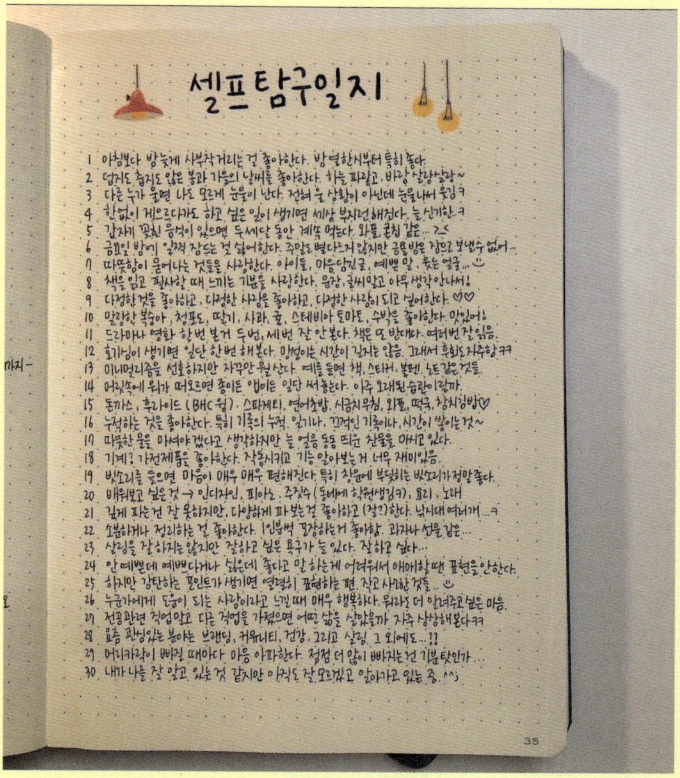
셀프탐구일지

1 아침보다 밤늦게 사부작거리는 걸 좋아한다. 밤 열한시부터 특히 좋다.
2 덥지도 춥지도 않은 봄과 가을의 날씨를 좋아한다. 하늘 파랗고, 바람 살랑살랑~
3 다른 누가 울면 나도 모르게 눈물이 난다. 전혀 울 상황이 아닌데 눈물나서 웃김ㅋ
4 한없이 게으르다가도 하고 싶은 일이 생기면 세상 부지런해진다. 늘 신기한 ㅋ
5 갑자기 꽂힌 음식이 있으면 두세달 동안 계쏙 먹는다. 와플, 곤칩 같은... ㅈㅅ
6 금요일 밤에 일찍 잠드는 걸 싫어한다. 주말도 별다르지 않지만 금불밤은 잠으로 보낼수 없어~
7 따뜻함이 묻어나는 것들을 사랑한다. 아이들, 마음담긴 글, 예쁜 말, 웃는 얼굴... :)
8 책을 읽고 필사할 때 느끼는 기분을 사랑한다. 문장, 글씨말고 아무 생각 안나서!
9 다정한 것을 좋아하고, 다정한 사람을 좋아하고, 다정한 사람이 되고 싶어한다. ♡♡
10 말랑한 복숭아, 청포도, 딸기, 사과, 귤, 스테비아 토마토, 수박을 좋아한다. 맛있어!
11 드라마나 영화 한번 본거 두번, 세번 잘 안본다. 책은 또 반대다. 여러번 잘 읽음.
12 호기심이 생기면 일단 한번 해본다. 망설이는 시간이 길지는 않음. 그래서 후회도 자주함 ㅋㅋ
13 미니멀리즘을 선호하지만 자꾸만 뭘 산다. 예를 들면 책, 스티커, 볼펜, 노트 같은 것들.
14 머릿속에 뭔가 떠오르면 종이든 앱이든 일단 써놓는다. 아주 오래된 습관이랄까.
15 돈까스, 후라이드 (BHC 윙), 스파게티, 연어초밥, 시금치무침, 와플, 떡국, 참치김밥♡
16 누적하는 것을 좋아한다. 특히 기록의 누적. 일기나, 끄적인 기록이나, 시간이 쌓이는 것~
17 따뜻한 물을 마셔야겠다고 생각하지만 늘 얼음 동동 띄운 찬물을 마시고 있다.
18 기계? 가전제품을 좋아한다. 작동시키고 기능 알아보는거 너무 재미있음.
19 빗소리를 들으면 마음이 매우 매우 편해진다. 특히 창문에 부딪히는 빗소리가 정말 좋다.
20 배워보고 싶은 것 → 인디자인, 피아노, 주짓수 (동네에 학원생김ㅋ), 요리, 노래
21 깊게 파는건 잘 못하지만, 다양하게 파보는걸 좋아하고 (잘?) 한다. 낚시대 여러개...ㅋ
22 소분하거나 정리하는 걸 좋아한다. 1인분씩 포장하는거 좋아함. 과자나 선물 같은...
23 살림을 잘하지는 않지만 잘하고 싶은 욕구가 늘 있다. 잘하고 싶다...
24 안 예쁜데 예쁘다거나 싫은데 좋다고 말 하는게 어려워서 애매할땐 표현을 안한다.
25 하지만 감탄하는 포인트가 생기면 열렬히 표현하는 편. 작고 사소한 것들... :)
26 누군가에게 도움이 되는 사람이라고 느낄때 매우 행복하다. 뭐라도 더 알려주고 싶은 마음.
27 전공관련 직업말고 다른 직업을 가졌으면 어떤 삶을 살았을까 자주 상상해본다ㅋㅋ
28 요즘 관심있는 분야는 브랜딩, 커뮤니티, 건강, 그리고 살림. 그 외에도...!!
29 머리카락이 빠질 때마다 마음 아파한다. 점점 더 많이 빠지는건 기분탓인가...
30 내가 나를 잘 알고 있는 것 같지만 아직도 잘 모르겠고 알아가고 있는 중. ^^;

35

1번부터 번호를 붙여서 내가 무엇을 좋아하는지, 나의 취향은 무엇인지 생각나는 대로 적어보세요. 그리고 나의 모습은 시간이 지나면서 계속 변화하고, 어떤 관점으로 바라보느냐에 따라 관찰 내용이 달라질 수 있으니 단발성으로 끝내지 말고 6개월, 1년 단위로 기록해보는 것을 추천합니다.

별로인 것만 같은 내 모습도 자세히 살펴보면 빛나는 구석이 있다.
내면을 마주하는 일이 쉽지는 않지만, 시간을 들여 바라보면
알게 될 것이다. 생각보다 괜찮은 당신의 모습을.

숨어 있던 감정 찾기

#감정 어휘

"당신은 말을 안 해서 너무 답답해." 어린 시절, 엄마가 아빠에게 자주 했던 말입니다. 속상한 표정의 엄마와 그런 말을 듣고도 덤덤한 표정이었던 아빠를 사이에 두고, 각자의 입장을 대변하는 역할은 항상 제가 도맡아 했어요. 어린 제 눈엔 말 뒤에 숨어 있는 두 분의 감정이 보였거든요. 너무 오래전이라 어떤 말을 했는지 기억은 잘 나지 않지만, 엄마의 표현을 빌려 얘기해볼게요.

"아빠, 엄마가 답답하다고 말하는 이유는 아빠를 너무 사랑하기 때문이야. 아빠가 무슨 생각을 하는지, 어떤 마음인지 얘기를 해주면 아빠를 이해할 수 있을 텐데 아무 말도 안 하니까 엄마가 자꾸 추측하게 되잖아. 아빠가 힘들면 엄마가 같이 도와줄 수 있는데. 그리고 엄마! 아빠가 엄마한테 말을 잘 하지 않는 이유는 말하기 싫어서가 아니야. 고민을 말하면 엄마가 걱정할까 봐 말을 아끼는 거지. 둘 다 서로를 생각해서 배려하느라고 그러는 거야. 그러니까 돌려서 말하지 말고 원하는 걸 정확히 말해."

가끔은 어린아이가 어른보다 나을 때가 있죠? 당시 엄마는 답답하다고만 했지만, 이 표현 안에는 여러 감정이 포함되어 있었습니다. 가장의 무게 때문에 늘 혼자 끙끙 앓는 아빠에 대한 측은함, 배우자로서 고민을 함께 나누지 못하는 것에 대한 미안함, 혹시 모를 상황에 대한 불안함 같은 것들이요.

이 모든 감정을 뭉뚱그려 엄마는 "답답하다"라고 했습니다. "혹시 내가 알면 걱정할까 봐 말을 아끼는 거야? 그렇다면 난 괜찮아. 오히려 난 당신이 혼자서 끙끙 앓고 있을까 봐 걱정돼. 미안하기도 하고. 힘든 일이 있으면 말해줘. 우리 부부잖아. 같이 해결해보자." 엄마가 답답한 마음속에 숨은 감정을 알아차리고 이렇게 말했더라면 어땠을까요? 아빠 또한 어떤 마음인지 감정을 적확하게 표현했더라면요? 엄마도, 아빠도 감정 싸움보다는 조금 더 진솔한 이야기를 나누게 됐을지도 모르겠어요.

감정을 적확하게 표현하기

중이 제 머리 못 깎는다고 하죠. 다른 사람의 감정은 객관적으로 바라보고 분석하면서 정작 제 감정을 알아차리는 건 너무 어려웠어요. 타인의 감정은 제3자의 입장에서 관찰하는 것이지만, 나의 감정은 경험하는 동시에 분석해야 하잖아요. 실제로 뇌에서 감정을 처리할 때 정신적으로 부담이 커진다고 하더라고요. 직접 겪은 일이기에 객관성을 유지하는 것도 힘들 테고요.

무엇보다 제 감정을 표현할 수 있는 단어를 찾는 게 어려웠어요. 감정을 적확한 언어로 표현하지 못하니 복잡한 감정들이 실타래처럼 엉켜버리더라고요. 제일 많이 하는 말은 "뭐라고 해야 할지 잘 모르겠는데….", "내가 왜 이러는지 모르겠는데…."였어요. 아니면 '좋다, 신난다, 재미있다, 싫다, 괜찮다, 힘들다, 짜증난다' 같은 말들로 감정을 뭉뚱그리기 일쑤였고요.

유선경 작가님은 《감정 어휘》라는 책에서 자신의 진짜 감정을 적절한 어휘로 표현하지 못하거나 스스로를 속이고 왜곡할 때 마음이 갈 길을 잃어버린다고 말했어요. 그래서 감정에 알맞은 어휘를 붙여 불러주기만 해도 마음이 안정되고 후련해진다고도 했고요. 마치 픽사 스튜디오의 애니메이션 〈인사이드 아웃〉 시리즈에 나오는 캐릭터처럼 내 마음 안에 있는 감정에도 캐릭터를 만들라는 얘기 같아요. 노트는 감정 컨트롤 본부, 노트에 쓰는 감정의 말들은 기쁨이, 슬픔이, 버럭이, 까칠이, 소심이 같은 캐릭터가 되는 거죠.

변덕스러운 날씨 같은 나의 감정을 관찰하면서, 컨트롤 본부가 되어주는 노트를 펼쳐 내 마음속에서 열심히 일하는 감정들에 대해 자세히 적어봐야겠다고 생각했어요. 나의 마음이 갈 길을 잃어버리지 않고, 가야 할 곳을 향해 잘 흘러가도록 만들어주고 싶었거든요.

○월 ○일 오늘의 감정: '밉다'

오늘 오전까진 대체로 기분이 좋았는데 점심을 먹고 난 뒤부터 짜증이 났다. 오후 반차를 내서 나가야 할 시간이 다 됐는데 갑자기 ○○○ 님이 일을 던져줬기 때문이다. 약속 시간에 맞춰 가려면 바로 나가야 하는데, 한 시간 내로 처리해야 하는 급한 일이었고 내 담당 업무이기도 해서 시간 맞춰 나갈 수가 없게 됐다. 자기 반차일 땐 뒤도 안 돌아보고 칼퇴하면서 왜 다른 사람들이 반차를 쓸 땐 저러는 건지 도통 이해할 수가 없다. ○○○ 님의 뒷모습을 보는데 어찌나 열이 나던지.

오늘의 감정의 이름이 무엇인지 정확히 알고 싶어 여러 어휘를 찾아 봤다. '언짢다, 답답하다, 신경 쓰인다, 불편하다, 성가시다' 등 여러 단어를 발견했는데 그러다 '밉다'라는 어휘에 시선이 멈췄다. 국어사전에 뜻을 검색해보니 '모양, 생김새, 행동거지 따위가 마음에 들지 않거나 눈에 거슬리는 느낌이 있다'는 의미였다. 이 단어의 뜻이 오늘 나의 감정을 그대로 표현한 문장이다. 나는 오늘 그 사람이 몹시 미웠다. 쓰다 보니 누군가를 미워하는 내 모습도 별로인 것 같아 기분이 좋지 않다. 그 사람의 어떤 면이 '밉다'는 감정을 자꾸 불러일으키는 걸까? 내가 그 사람을 자꾸 미워하게 되는 이유는 무엇일까? 고민해봐야 할 문제다.

감정 컨트롤 본부에서 애쓰고 있는 감정들의 모습을 상상하고 기회가 될 때마다 기록으로 남겼기 때문일까요. 요즘은 다양한 감정에 비교적 쉽게 이름을 붙일 수 있게 되었습니다. 예를 들어 '좋다'라고 뭉뚱그렸던 감정은 '만족스럽다, 근사하다, 흐뭇하다, 벅차다, 흡족하다'처럼 상황과 맥락에 따라 다른 이름을 붙일 수 있게 되었어요.

감정 일기 예보

일기 예보를 찾아보고 날씨에 따른 옷차림을 달리하는 것처럼 감정의 날씨도 잘 살피며 나만의 대비를 하고 있는데요. 특히 화가 났을 때는 즉각적인 반응을 자제하고 한 번씩 심호흡을 하곤 해요. 깊이 숨을 들이쉬고 나면 감정이 누그러들고 상황을 조금 더 객관적으로 바라보게 되더라고요. 문제가 무엇인지, 화가 난 이유가 무엇인지 써보면서 생각을 정리하기도 하고요. 아직 노력이 더 필요하지만, 여러 감정에 따른 대처법이 차곡차곡 쌓이는 것 같아 만족스러운 요즘입니다.

이 글을 쓰고 있는 오늘의 실제 일기 예보는 '종일 맑음'이었는데요. 방금 소나기가 한바탕 내렸어요. 우산을 미처 준비하지 못한 저는 옷이 젖었고요. 제 마음도 이런 날이 있겠죠. 예측한 감정의 날씨와는 전혀 다른 날씨가 눈앞에 펼쳐져서 마음이 홀딱 젖는 날, 단단히 대비해도 막을 수 없는 일들이 일어나는 그런 날 말이에요.

하지만 이제는 이런 날들이 마냥 두렵지만은 않습니다. 나의 감정에 이름을 붙일 수 있게 되었으니까요. 이름을 부른다는 건 안다는 거잖아요. 정체를 모를 땐 두렵지만 알고 나면 두려워도 나아갈 용기가 생기더라고요. 이제는 감정을 억누르거나 퉁치거나 두려워하지 않고, 오히려 마주하며 그것을 통해 배우려 합니다. 모든 감정은 내게 무언가를 말하고 있을 테니까요.

노트를 펼쳐 오늘 느낀 감정들을 적어보세요. 그리고 그 감정들에 이름을 붙여주세요. 오늘의 감정이 내게 말하고 싶은 이야기가 무엇인지 귀 기울여 들어보길 바랍니다.

이렇게 써보세요

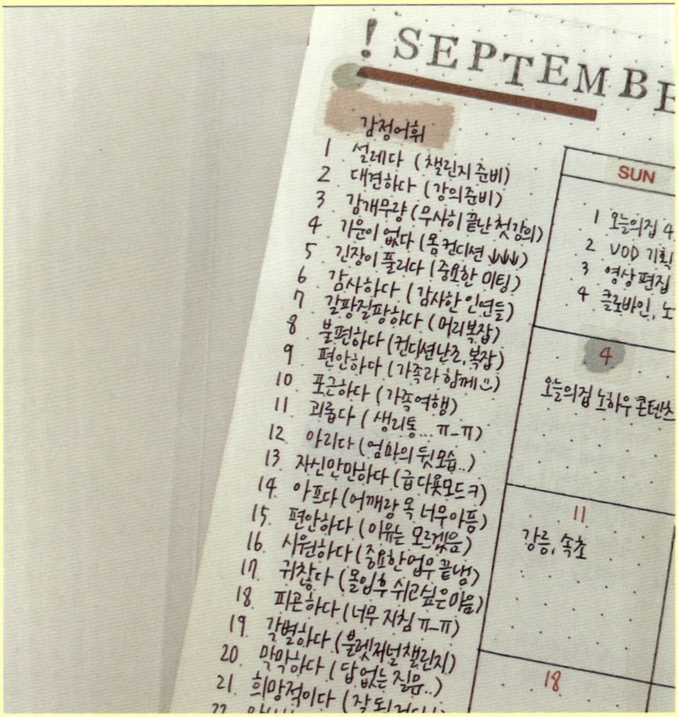

감정에 이름을 붙이며 왜 그런 감정이 들었는지 일기처럼 길게 풀어 쓰는 방법도 있고, 먼슬리 캘린더 옆이나 다이어리 한 켠에 간단하게 쓸 수도 있어요. 그날의 대표 감정을 찾아보고 기록한 다음, 괄호 안에 그런 감정이 든 사건이나 상황을 키워드로 적어보세요. 감정 어휘를 매일 일기로 쓰면 감정을 자세히 들여다 볼 수 있어서 좋고, 위 사진처럼 적어두면 한 달간 나의 감정 흐름을 볼 수 있습니다.

정체를 모를 때는 두렵지만, 알고 나면 나아갈 용기가 생긴다.
감정에 이름을 붙이고 의미를 이해하면서 내 안의 소리에
귀를 기울여보자.

내 마음이 원하는 방향으로

#디깅 기록

언젠가 친구들과 여행을 간 적이 있는데요. 카페에 앉아 담소를 나누는 중에 한 친구가 요즘 고민이라며 해결 방안이 있는지 묻더라고요.

"난 직업적 특성도 있고 해서 사실 옷에 별 관심이 없어. 지금 입은 티셔츠도 동생이 준 거고. 그런데 얼마 전에 만난 친한 친구가 세상에 예쁜 옷이 얼마나 많은데 매번 티셔츠만 입냐고 묻더라고. 곰곰이 생각해보니 난 옷뿐만 아니라 취향이 별로 없는 것 같아. 다들 자기가 좋아하는 것에 대한 기호가 확실한데 난 그렇지 못한 것 같아서 고민이야."

고민을 털어놓은 친구에게 권예슬 님의 《취향의 기쁨》이라는 책을 추천했어요. 얄팍하고 가난해 보이던 나의 취향을 사랑스럽게 만들어준, 꼭꼭 숨어 있던 취향을 찾을 수 있게 도와준 아주 고마운 책이거든요.

없는 줄 알고 지내왔지만 사실은 방치해두고 있었던 내 소중한 취향들.
_권예슬, 《취향의 기쁨》

《취향의 기쁨》 책에 나오는 문장이에요. 없는 줄 알고 지내왔지만 사실은 방치해두고 있었던 소중한 취향들이라니. '없는 줄 알고 지내왔지만'이라는 문장에서 갑자기 희망과 비슷한 감정이 차올랐던 기억이 났어요. 저도 취향 찾기에 진심이었던 시절이 있었거든요.

취향을 갖게 된 계기부터 시작해서 취향은 타고나는 것인지, 아니면 후천적으로 형성되는 것인지, 취향은 발견하고 계속해서 발전시켜야 되는 것인지 등 궁금한 게 참 많았습니다. 그러다 문득 왜 우리는 취향에 대해 알아가고 싶은 마음이 드는 건지, 도대체 취향이 뭐길래 다들 자기만의 취향을 갖고 싶다고 하는 건지 근본적인 의문이 들더라고요. 그때의 제가 대답한다면 아마도 이렇게 말했을 거예요.

"누가 내 취향을 물었을 때 '아무거나'라고 대답하고 싶지 않아요."

"이 나이쯤 되면 어느 한 분야에 깊이가 있는 취향 하나쯤은 있어야 하지 않을까요?"

지금의 제게 같은 질문한다면 "나를 더 깊이 이해하고 싶어서"라고 대답할 겁니다. 취향은 '하고 싶은 마음이 생기는 방향'이라는 뜻을 가지고 있잖아요. 나의 취향을 안다는 건 내가 하고 싶은 마음의 방향이 어디인지를 아는 것이니까. 그래서 우리는 끊임없이 취향을 찾아 헤매고, 발견하고, 또 그 취향을 가꿔 나가려 하는 걸지도 모르겠어요. 그 과정에서 우리는 조금 더 나다워지고, 조금 더 행복해지니까.

월간 취향 디깅

글을 쓰다 보니 '아무거나'의 애매함에서 벗어나고 싶은 분, 숨어 있는 나의 취향을 발견하고 싶은 분, 내 마음의 방향이 어디를 향하고 있는지 알고 싶은 분, 그 외 취향에 관심 있는 모두에게 취향 발견 프로젝트를 소개하고 싶어집니다. 저는 취향 찾기도 기록을 통해서 했거든요.

우선 달력이 필요합니다. 캘린더도 좋고, 먼슬리 양식이 있는 노트도 좋아요. 저는 선물 받은 캘린더를 준비했습니다. 열두 달 쓸 수 있는 달력이 있으니 월별로 관심 있는 주제를 정해서 취향을 디깅(digging)하면 어떨까 싶었어요. 디깅은 '파다'라는 뜻인데요. 말 그대로 주제에 대한 취향을 파보기로 했습니다. 그달의 주제에 대해 마음이 끌리는 것들을 자유롭게 적다 보면 나의 취향이 조금 더 선명해질 것 같더라고요. 마음이 가는 것들의 공통점을 발견할 수도 있을 테고요. 그래서 이 취향 찾기 프로젝트의 이름은 '월간 취향 디깅'입니다.

2월엔 '나를 키우는 단어들'에 대해 적어봤어요. "언어의 세계가 곧 나의 세계다"라는 말도 있잖아요. 말을 할 때도, 글을 쓸 때도 늘 쓰는 단어만 쓰는 것 같아서 언어의 세계를 넓혀보고 싶다는 바람이 생겼어요. 한 달 동안 낯선 단어, 써보지 않은 단어, 우연히 알게 된 단어 등을 기록하고 뜻과 사용되는 예시들을 찾아보곤 했습니다.

숙고(깊이 생각함), 변주(주제를 바꿔 변화를 줌), 분별(옳고 그름을 가려 판단함), 공명(함께 울림), 성원(정성껏 도와줌), 영겁(아주 오랜 세월), 사유(깊이 생각함), 밀도(빽빽한 정도) 등. 제가 적은 단어들은 주로 '생각'이나 '시간'과 관련되어 있더라고요.

'숙고'하며 글을 쓰고, '변주'를 통해 다양한 시각으로 주제를 바라보며, '분별' 있게 정보를 선별하고, 독자와 '공명'하는 글을 쓰고 싶은 마음, '성원'해주는 지인들에게 감사하는 마음, '영겁'의 시간 동안 남을 기록에 대한 소망, 깊은 '사유'를 통한 나만의 관점, 글의 '밀도'를 높이는 노력 등 달력에 써 내려간 단어들이 제 삶과 생각에 밀접하게 관련되어 있어서 신기했던 기억이 납니다. 단어의 의미를 익히는 과정에서 세상을 바라보는 시야가 넓어졌어요.

4월은 '아무튼, ○○'이라는 주제였는데요. 내게 만약 '아무튼' 시리즈('나를 만든 세계, 내가 만든 세계'라고 생각하는 한 가지 주제로 작가의 경험과 생각을 담아내는 에세이 시리즈)의 원고를 집필할 기회가 온다면 어떤 주제로 쓸 수 있을까 상상하면서 적어봤어요. 좋아하는 것과 그 이유, 좋아하는 마음의 크기 같은 것들에 대해 생각해보게 되더라고요. 손글씨, 정성, 드라마, 대화, 아이들, 재즈 등. 책 한 권 분량 써낼 수 있을 만큼 좋아하는 마음의 크기가 큰 것도 있었고, 왜 좋은지 마땅한 이유를 설명하기 어려운 것도 있었는데요. 어떤 걸 좋아하고 있었는지 구체적으로 알게 되었던 게 큰 수확이었어요.

10월엔 '가보고 싶은 곳'에 대해 기록했어요. SNS에서 한 번쯤 가보고 싶다는 생각이 드는 공간이 눈에 띌 때면 어떤 곳인지 적극적으로 찾아봤습니다. 위치, 특징, 인테리어, 리뷰 등을 보며 방문하고 싶은 곳과 그렇지 않은 곳을 구분했어요. 방문하고 싶은 곳의 특징들을 모아보니 저의 공간 취향, 인테리어 취향이 뭔지 알게 되었죠.

우드와 화이트가 조화를 이루는 곳, 공간 분위기와 조도가 잘 어울리는 곳, 차갑고 시크한 느낌보단 따뜻함과 심플함이 느껴지는 곳이 좋아요. 카페는 미색 테이블이 있는 곳을 더 선호하고요. 이때의 디깅 기록을 계기로 요즘은 새로운 장소를 방문할 때 구석구석을 세심히 관찰하는 취미도 생겼습니다. 공간의 매력적인 요소들을 발견하는 일, 공간을 만든 사람의 의도를 찾아보는 일은 생각보다 흥미로운 일이더라고요.

마침내 12월 31일, 이날의 취향 디깅 기록을 남기고 볼펜 뚜껑을 닫은 다음 1년의 기록을 책상에 쭉 펼쳐두고 한참을 들여다봤어요. 그제야 '취향'이 뭔지 알겠더라고요. 취향은 누가 봐도 근사해야 하는 게 아니었어요. 뚜렷하게 보여야 하는 것도 아니었고요. 남보다 더 많이, 더 깊이 알아야만 하는 것도, 애정이 넘쳐서 몇 시간이고 떠들 수 있어야 하는 것도 아니었어요. 국어사전에 나오는 단어의 뜻 그대로더라고요. '하고 싶은 마음이 생기는 방향, 그것이 뭔지를 알아가는 과정 자체가 취향이구나.'

취향의 정원을 가꾸는 사람

돌 틈 사이에 피어난 풀꽃을 보며 삶의 의미를 찾고

누군가의 말 한마디에서 가능성을 발견하며

멈춰 고민하기보단 움직이고 실패하며 배우고

중요한 가치에 시간을 쏟는 것을 효율이라 여기며

작은 일에도 정성과 마음을 다하기를 게을리하고 싶지 않은 것

이게 제 취향이었어요. 열두 장의 달력을 채우고서야 알게 되었습니다. 하고 싶은 마음이 생기는 방향엔 그 어떤 자격이나 조건도, 기준도 필요하지 않다는 것을요.

취향의 정원을 가꾸는 것을 게을리하지 않는 사람이고 싶어요. 취향을 가꾼다는 것은 나의 마음이 원하는 게 무엇인지 끊임없이 탐구하는 사람이고, 나의 마음을 탐구하는 사람은 그렇지 않은 사람보다 나다운 삶을 살고 있을 확률이 높으니까요. 어디서든 이 말을 자신 있게 하고 싶어요.

"저는 제 마음이 원하는 방향을 잘 찾는 사람이에요."

write 10

이렇게 써보세요

한 달 단위의 캘린더를 준비해주세요. 직접 그린 달력도 괜찮습니다. 그리고 각 달에 디깅 주제를 정해보세요. '내가 재미를 느끼는 것', '나를 키우는 단어', '좋아하는 캐릭터' 등 디깅하고 싶은 주제로 자유롭게 정하면 됩니다. 한 달을 마무리할 때는 그간의 기록 내용을 살펴보며 공통점을 찾아보세요. 여러분의 마음이 원하는 방향을 찾는 데 중요한 힌트가 되어줄 거예요.

취향의 정원을 가꾸는 것을 게을리하지 않고 싶다.
취향을 가꾼다는 것은 나의 마음이 원하는 것을
끊임없이 탐구하는 일이니까. 나의 마음을 탐구하는
사람은 그렇지 않은 사람보다 나다운 삶을 살고 있을
확률이 높을 테니까.

> extent 04

익숙함을 벗어났을 때 넓어지는 세계

#미지의 세계 노트

우리 집 요리 담당은 남편입니다. 평소 음식에 관심이 많고, 시어머니의 요리 실력을 어깨너머로 배워서인지 감으로 대충 만들어도 제가 몇 시간 동안 애써 만든 요리보다 훨씬 맛있거든요. 물론 남편에게도 취약한 영역은 있어요. 바로 '뒤집기' 기술인데요. 요리에 있어서만큼은 도통 도움을 청하지 않는 사람인데 어느 날 부침개를 굽다 말고 제게 묻더라고요.

"뒤집는 거, 자기가 한번 해볼래?"

그날따라 무슨 용기가 났는지 덥석 하겠다고 했습니다. 요리를 시도하다 망한 적이 부지기수라 실패해도 본전이란 생각이 들었나 봐요. 그의 흔들리는 동공을 뒤로하고 프라이팬 손잡이를 쥐었습니다. 어디서 본 건 있어서 손목에 살짝 힘을 주고 프라이팬을 양옆으로, 위아래로 살살 기울였거든요. 놀랍게도 부침개가 미끄러지듯이 팬을 따라 움직이는 게 아니겠어요?

불안한 표정의 남편이 뒤집개를 건네줬지만 저는 손목의 스냅에 모든 것을 맡기기로 했습니다. 심호흡하고 팬을 이리저리 기울이다 이 타이밍이다 싶은 순간에 재빠르게 손목에 스냅을 줬어요. 공중으로 솟아오른 부침개가 정확히 반 바퀴를 돌고 프라이팬의 바닥에 부드럽게 안착. 마치 트리플 악셀 점프를 완벽하게 해낸 김연아 선수의 하이라이트 경기 장면 같았죠.

'뭐야, 나도 뒤집기 잘할 수 있었잖아!'

익숙함에서 한 발 나아가보세요

앞으로 누가 저의 요리 역사에 관해 묻는다면 이제 저는 부침개 뒤집기에 성공하기 전과 성공한 후로 나뉜다고 말할 거예요. 요리에 실패한 경험에 익숙해서 참치김치볶음밥, 계란간장밥, 달걀말이 같은 평균적인 맛을 보장하는 요리만 했었거든요. 새로운 요리를 시도해도 당연히 맛이 없을 거라고 생각했고요.

하지만 부침개 뒤집기에 성공한 이후로 자신감이 생겼습니다. '재능이 전혀 없다고 생각했던 요리 분야에도 내가 할 수 있는 것들이 있었구나. 내 안에 나도 모르는 재능이 있을 수도 있어. 안 해봐서 모르는 거지, 막상 하면 잘할지도 몰라.' 이런 마음이 차올라 새로운 요리를 자꾸 시도하게 되었어요. 최근엔 광어 솥밥 메뉴에 도전했는데 맛있어서 깜짝 놀랐습니다. 나도 이런 근사한 요리를 할 수 있는 사람이었다니!

그 후 저는 '익숙함'에서 벗어나보기로 했습니다. 돈을 들이지 않아도, 멀리 떠나지 않아도, 애써 다짐하지 않아도 할 수 있는 것들을 시도하기로요. 부침개 뒤집기의 경험이 더 넓은 요리의 세계로 나아갈 수 있게 해준 것처럼, 어딘가에서 펼쳐질 나의 또 다른 세계를 기대하는 마음으로 일상에 작은 변주를 주기 시작했습니다.

어느 날은 스타벅스에서 늘 먹던 쿨 라임 피지오가 아닌 다른 음료를 시켜봤어요. 평소 제 기호에 맞지 않는 메뉴라고 생각한 음료였지만, 덕분에 바닐라 콜드브루의 맛을 알았습니다. 톡 쏘는 탄산의 맛만큼 매력적인 커피의 맛을 알게 된 거죠. 늘 가던 카페 말고 동네의 다른 카페 도장 깨기를 시도한 적도 있는데요. 성수동의 유명한 소금빵 맛집 못지않은 맛을 자랑하는 카페를 발견했어요. 동네에 지인이 놀러 오면 그 카페에 꼭 데려가려고요.

한번은 아침 8시에 조깅하러 공원에 나가보기도 했습니다.

'아침에 운동하는 사람이 이렇게나 많았다니.' 러닝복을 멋지게 갖춰 입고 달리는 아저씨를 보며 러너의 꿈도 한껏 키워보고, 아침 일찍 등교하는 유치원생, 초등학생, 중학생들 구경을 원 없이 했어요. 횡단보도를 건너는 아이들의 표정을 보다 학창 시절 내 모습을 떠올려보기도 했고요.

평소엔 잘 듣지 않았던 1980~1990년대 시티팝부터 재즈곡, CCM, 트로트, 아이돌 노래까지 다양한 분야의 노래를 들어보기도 했어요. 아이돌 세계관을 이해하려고 유튜브 영상을 찾아보기도 했고요. 아이돌에 관심이 없는 게 아니라 잘 몰랐던 거였어요. 알고 나니 이 세계, 너무 재밌더라고요. 인스타그램에서 아이돌만 전문적으로 다루는 매거진도 팔로잉해서 보고 있는 제가 낯설지만, 요즘 인기 많은 그룹의 이름과 유행하는 노래를 아는 것만으로도 또 다른 세상이 펼쳐진 기분입니다.

또 하나의 세계를 만나기 위해

근사한 풍경을 보려면 무조건 멀리 떠나야 하는 줄 알았어요. 지금보다 더 나아지려면 이제껏 한 적 없는 대단한 경험을 해야 하는 줄 알았고요. 하지만 작고 소소한 시도를 하는 것만으로도 나의 세계가 넓어질 수 있다는 것을 알게 된 후, 자주

'미지의 세계'라는 제목의 노트를 펼칩니다. 그러곤 혼자 삼겹살 먹기, 혼자 코인 노래방 도전하기, 방파제에서 멍때리기, 한 사람도 아는 이 없는 모임 참여하기 같은 안 해본 일 리스트를 써요. 당장 시도하는 일도 있고 그렇지 않은 일도 있지만 리스트가 늘어날 때마다 로또를 사는 기분입니다. 앞으로 나의 세계가 얼마나 더 넓어질까, 그 세계는 어디로 연결될까, 넓어진 나의 세계에서 난 어떤 어른이 되어갈까 기대하게 되거든요.

오늘은 국수 가게에서 얼큰멸치국수를 먹었습니다. 옆자리에서 포장 주문을 기다리던 꼬마 아이가 오픈 주방에서 국수 면발을 찬물에 헹구는 모습을 보며 묻더라고요. "아빠, 왜 국수로 설거지를 하는 거야?" 아이의 귀여운 질문에 식당에 있는 모든 사람이 웃었는데요. 그렇게 하면 더 탱글탱글하고 쫄깃한 면을 먹을 수 있다는 아빠의 대답에 아이는 놀라운 깨달음을 얻은 듯한 표정을 지었습니다. 면발을 삶고 헹구는 일상의 작은 풍경을 통해 그간 몰랐던 또 하나의 세계를 만났을 테니까요.

나이가 들어도 여전히 어린아이 같은 마음과 태도로 나의 세계를 넓혀가고 싶습니다. 더는 새로운 게 없다며 인생을 시시하게 여기는 어른이 아닌, 경험해보지 못한 세상을 궁금해 하며 기꺼이 탐험하는 어른이 되고 싶어요. 이제껏 해보지 않은 일을 떠올리고 적는 것만으로도 미지의 세계로 나아갈 수 있다면, 그걸로 나의 세계가 넓어진다면 기꺼이 기록하고 싶습니다.

이렇게 써보세요

write 11

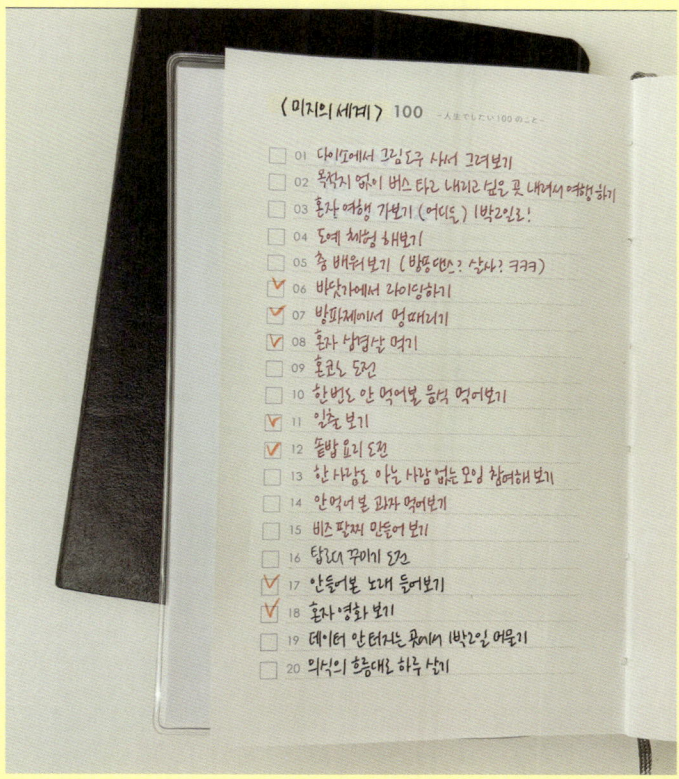

평소라면 시도해보지 않았을 낯선 일들을 적어보세요. 늘 하던 일에 약간의 변주만 줘도 낯선 시도가 될 거고, 그 경험은 새로운 세계로 나아가는 발판이 되어줄 거예요. 편의점에서 평소에 안 먹어본 간식을 사보거나, 평소라면 절대 가보지 않을 길로 가보는 거예요. 리스트로 만들고 체크해두는 것도 좋은 방법!

나이가 들어도 어린 아이 같은 마음과 태도로 살아가고 싶다.
더는 새로운게 없다며 인생을 시시하게 여기는 어른이 아닌,
낯선 세상을 기꺼이 탐험하는 어른이 되고 싶다.

자세히 봐야 보이는 마음

#사람 관찰 일지

저의 전직은 유치원 교사입니다. 교사의 업무는 굉장히 다양한데요. 꼭 해야 하는 중요한 일 중 하나가 '유아 관찰 일지'를 쓰는 거예요. 아이들의 성격이나 흥미, 발달 수준을 꾸준히 모니터링해야 교육 활동을 계획하고 조정할 수 있거든요. 또래와의 상호작용 방식을 파악해서 필요한 사회적 기술을 지원할 수도 있고요. 쉽게 말해 아이를 잘 이해하기 위해서 꼭 필요한 자료입니다.

유치원 교사를 그만둔 지 한참 되었는데 여전히 관찰 일지를 쓰고 있습니다. '남편 관찰 일지' 노트를 만들었거든요. 매일 기록하는 건 아니고요. 남편을 이해하고 싶은 날에 쓰고 있습니다. 아무리 서로를 배려하려고 해도 평생을 다른 환경에서 살았던 두 남녀가 늘 평화롭게 살긴 어렵잖아요. 왜 저런 말과 행동을 하는지 도무지 이해되지 않는 날, 다름이 자꾸 틀림으로 느껴지는 날이면 노트를 펼치고 제가 보고 들은 모습을 가만히 적어 내려갑니다. 유아 관찰 일지를 쓰면서 한 아이의 내면을 이해하게 되었던 것처럼, 남편의 있는 모습 그대로를 인정하고, 이해하고, 더 깊이 사랑하게 되길 바라면서요.

사실 처음엔 부정적인 마음을 쏟아낼 곳이 없어서 남편 관찰 일지를 쓰기 시작했습니다. 지인에게 전화해서 연인이나 남편에 대해 얘기하면 당장은 속이 편할지 몰라도 말하고 난 뒤엔 마음이 찝찝하잖아요. 내 얼굴에 침 뱉는 격이니까요. 갈등을 대화로 잘 해결하고 싶은데 감정이 추슬러지지 않아서 원치 않는 다툼을 하게 되니까, 일단 제 마음을 진정시키고 싶었어요. 격해진 감정에 아무 말이나 내뱉으며 서로에게 상처 주는 것보다 책상에 앉아 눈물 뚝뚝 흘리며 글을 쓰는 게 나으니까요.

결론부터 이야기하자면 쓰길 너무 잘한 것 같아요. 노트에 무슨 대단한 내용을 쓰는 것도 아닌데 남편의 모습이 마치 슬로 효과를 건 영화의 한 장면처럼 찬찬히, 자세히 보이거든요.

유튜브에 남편 관찰 일지를 쓴다고 올렸더니 어떤 방식으로 쓰는지 궁금하다는 댓글을 많이 달아주셔서 예시를 보여드립니다. 저는 글을 쓸 때의 상황, 남편의 행동, 저의 감정이나 말, 반응 등을 자세하게 써요. 그런 다음에는 '나의 생각'을 쓰면서 '왜 그렇게 행동했을까?'에 대한 이유를 찾아보려고 합니다.

<u>2023년 7월 29일 토요일</u>

09:00

○ 깨우러 옴. 아침 식사를 함께 하자고 제안

일 때문에 밤샌 상황이라 짜증을 내며 거절하고 다시 잠듦

남편은 별다른 말 없이 거실로 나감

12:00

○ 다시 깨우러 옴. 점심 식사를 권유

왜 자꾸 깨우냐며 화를 내며 거절. 밥 타령하는 남편에게 화가 남

멋쩍은 표정을 지으며 부엌으로 감

부엌에서 한동안 요리하는 소리가 들림

14:00

○ 기상 후 집안 상황

부엌에 감자전이 준비되어 있음

감자전 데워 먹으라는 카톡을 남기고 외출

따뜻할 때 먹이고 싶어서 깨웠다는 사실을 깨닫고 미안한 마음이 들었음

나의 생각

1. 남편은 하루 두 번(아침, 점심) 나의 식사를 챙기려고 시도함
2. 거절에도 불구하고 직접 요리를 준비함
3. 그러고 보니 평소 전화나 귀가 시 "밥 먹었어?", "밥 챙겨 먹어야지"라는 말을 자주 함
4. 남편에게 '식사'는 사랑을 표현하는 방법
5. 나의 사랑 표현법만 존중해달라고 할 것이 아니라 남편의 사랑 표현법도 존중하자. 피곤하고 귀찮더라도 하루 한 번 식사는 꼭 함께 할 것!

분명 남편에 대한 부정적인 감정으로 펜을 들었는데 종이 한 가득 쓰다 보면 신기하게도 남편의 마음과 시간이 보이더라고요. 남편과의 인연이 10년인데요. 관찰 일지를 쓰면서 남편의 모습을 재발견하게 되었어요. 미처 보지 못했던 귀한 마음도 만나게 되었고요. 아내가 늘 미루는 세탁기 돌리기와 건조기 청소를 군말 없이 하는 사람, '사랑해, 고마워'라는 말 대신 '밥 챙겨 먹었어?'라는 말을 하는 사람, 회식할 때면 혼자 맛있는 걸 먹는

게 미안해서 한 시간에 한 번씩 전화하는 사람, 아내가 아플 때면 뭐라도 먹이려고 몸에 좋은 음식 검색을 열심히 하는 사람, 일을 그만두고 방황하는 나에게 한 번도 잔소리한 적이 없는 사람, 싸우면 늘 먼저 사과하는 사람, 아내의 지난 실수에 대해 두 번 얘기하는 법이 없는 사람, 제 남편은 그런 사람이더라고요.

누군가를 자세히 들여다본다는 건 사랑의 마음이에요. 보이지 않는 상대방의 마음과 시간을 헤아리고 싶은 거잖아요. 지금 당장 눈에 보이진 않지만 곧 알게 될 거예요. 여러분이 사랑하고 아끼는 그 사람도 나만큼 혹은 그 이상으로 나에게 시간과 마음을 쓰고 있었다는 것을요.

여러분은 부모님, 배우자, 연인, 친구, 아이, 동료…. 누구의 관찰 일지를 써보고 싶으신가요? 떠오르는 누군가가 있다면 아주 높은 확률로 그 사람을 사랑하고 있을 거예요. 관찰 일지를 기록하는 시간이 소중한 사람을 더욱 사랑하는 계기가 되기를 바라며.

write 12

이렇게 써보세요

2023년 7월 29일 토요일

09:00
- 깨우러 옴. 아침 식사를 함께 하자고 제안
  - 일 때문에 밤 상황이라 짜증을 내며 거절하고 다시 잠듦
  - 남편은 별다른 말 없이 거실로 나감

12:00
- 다시 깨우러 옴. 점심 식사를 권유
  - 왜 자꾸 깨우냐고 화를 내며 거절.
  - 밥 타령하는 남편에게 화가 남
  - 멋쩍은 표정을 지으며 부엌으로 감
  - 부엌에서 한동안 요리하는 소리가 들림

14:00
- 기상 후 집안 상황 부엌에 감자전이 준비되어 있음
  - 감자전 데워 먹으라는 카톡을 남기고 외출
  - 따뜻할 때 먹이고 싶어서 깨운 사실을 깨닫고 미안한 마음이 들었음

⭐나의생각⭐
1. 남편은 하루 두 번(아침, 점심) 나의 식사를 챙기려고 시도함
2. 거절에도 불구하고 직접 요리를 준비함
3. 그러고 보니 평소 전화나 귀가 시 "밥먹었어?" "밥 챙겨 먹어야지"라는 말을 자주 함
4. 남편에게 '식사'는 사랑을 표현하는 방법
5. 나의 사랑 표현법만 존중해 달라고 할 것이 아니라 남편의 사랑 표현법도 존중하자. 피곤하고 귀찮더라도 하루 한 번 식사는 꼭 함께 할 것!

관찰 일지는 곁에 있는 소중한 사람을 더 깊이 이해할 수 있는 기록 방법이에요. 주기적으로 관찰하고 싶은 대상의 모습을 노트나 스마트폰 메모장에 기록해보세요. 먼저 그날의 상황을 구체적으로 적어보세요. 그다음엔 대상이 보여준 행동들을 자세히 써 내려가고, 그때 내가 느낀 감정이나 했던 말들도 함께 기록합니다. 마지막으로 '나의 생각' 부분에서는 '왜 그런 행동이나 말을 했을까?'라는 질문을 던지며 상대방의 입장에서 깊이 이해하려 노력해보세요.

누군가를 자세히 들여다본다는 건 사랑의 마음이다.
보이지 않는 상대방의 마음과 시간을 헤아리고 싶은 것일 테니까.

extent 06

여행지에서 영수증을 챙기는 이유

#여행 기록

여러분은 여행을 갈 때 어떤 스타일인가요? 여행 계획을 촘촘하게 세우는 편인지, 아니면 발길 닿는 대로 자유롭게 다니는 여행을 추구하는 편인지 궁금합니다. 저는 혼자 해외에 많이 다녀왔을 것 같다는 소리를 자주 듣는데요. 동선까지 꼼꼼하게 체크하는 계획형 여행자일 것 같다고도 하고요. 하지만 전 국내, 해외를 포함해서 혼자 여행을 가본 적이 단 한 번도 없습니다. 낯선 땅에 혼자 있는 걸 상상하는 것만으로도 두려움이 밀려오거든요.

하지만 짐은 아주 잘 챙기는 편이에요. 파우치에 물건을 차곡차곡 넣어 깔끔하게 정리를 잘합니다. 조금 다른 점이 있다면 여행지에서의 시간을 기록할 도구를 챙긴다는 거예요. 옷이나 생필품보다 기록에 필요한 도구를 더 많이 챙깁니다. 노트와 펜, 마스킹테이프, 스티커, 스탬프, 풀테이프, 포토프린터 같은 것들이요. 그래서 함께 여행을 간 이들은 제 캐리어를 도라에몽 가방이라고 부르기도 해요. 가방에서 끊임없이 뭐가 나온대요(하하).

여행지에서는 인증 사진을 찍기보다 길을 오가는 사람과 그들이 만들어내는 도시의 풍경을 관찰하곤 합니다. 저 사람은 무슨 생각을 하며 걸을까, 이곳에서 어떤 일을 할까, 어떤 성격의 사람일까, 어디로 가는 걸까, 매일 이 시간에 이곳을 지나가는 걸까, 무슨 대화를 나누는 걸까. 이런 생각을 하며 두리번거리다 보면 활자가 눈에 들어오기 시작해요. 간판, 표지판, 포스터, 안내문, 관광지 리플릿, 사람들이 입고 있는 티셔츠 등….

한국에선 "영수증은 버려주세요"라는 말을 습관처럼 하고 전단지는 내용을 잘 보지도 않고 버리지만, 여행지의 언어로 적힌 모든 것은 그렇게 소중할 수가 없습니다. 낯선 언어로 쓰인 글자들을 보면 언제라도 여행 당시의 감정과 분위기를 다시 느낄 수 있고, 노트에 붙여두기만 해도 느낌 있거든요. 그래서 식당이나 편의점, 카페 등에서 받아온 영수증과 관광지 티켓 등은 꼭 챙겨옵니다.

날씨부터 생김새, 살아가는 풍경, 사용하는 언어, 문화 등 모든 것이 다른 낯선 여행지에서 감각이 풍요로워지는 경험을 할 때면 한국에서부터 부지런히 챙겨온 기록 도구를 꺼냅니다. 장소가 어디건 괜찮아요. 잠깐의 여유가 생길 때마다 노트를 펼치고 소중히 챙겨둔 영수증이나 티켓 등을 붙입니다. 요리조리 적당한 위치를 찾아가며 마스킹테이프, 스티커로 꾸며주기도 하고요. 그러곤 여행지의 정보, 거리에서 먹어본 음식의 맛, 현지인과 나눈 짧은 대화, 길을 오가며 들었던 생각 같은 것을 적습니다.

시부야역, 어느 카페에서
―――――――――――

일본의 아날로그 감성 물씬 나는 풍경이 좋다. 사람들은 교통 카드나 열차 티켓을 사기 위해 줄을 선다. 이들은 앱을 사용하지 않으며, 티켓은 구비된 신청서를 써야 구매할 수 있다. 나이 지긋한 할아버지도, 넷플릭스를 보고 있는 20대 젊은 친구도, 한국에서 온 나도 줄을 서서 기다린다. 기다리는 동안 답답하거나 지루해 보이는 사람은 나와 지영이밖에 없었다. 5분도 안 걸려 끝날 일을 시간 아깝게 이러고 있다면서.

하지만 이내 일본의 이런 모습을 가만히 바라보게 되었다. '왜 꼭 모든 게 빠르고 편리해야 하지?'라는 생각이 들었기 때문이다. 빠르고 편리해서 얻은 것들도 많지만 잃은 것도 많다. 티켓을 매표

소에서 직접 구매해보거나 종이 티켓을 손에 쥐고 기다리던 경험, 검표원에게 돌려받은 티켓을 기념 삼아 다이어리에 붙이던 순간, 타야 할 시간에 못 탔거나 어디에서 타야 하는지 헷갈릴 때 주변 사람들에게 도움을 청했던 소소한 인간적인 교류 같은 것들.

지금은 낭만이 사라진 시대다. 나이 많은 어르신은 앱을 사용하지 못하는 경우 자식이 예약해주지 않으면 이동의 자유를 잃는 셈이다. 나는 그래도 젊은 세대라 편리함을 누리고 있고 빠름에 익숙해졌지만 속도가 주지 못하는 무언가를 잃어가고 있다. 예를 들면 기술 발전 속도를 따라오지 못하는 사회적 약자에 대한 배려 같은 것들. 티켓 다섯 장을 할아버지에게 보여드리며 빨간 색연필을 들고 하나하나 설명하는 직원분을 보면서 이래서 일본은 선진국이구나 싶었다.

도쿄 여행을 갔을 때 SUICA 교통 카드 구매에 필요했던 신청서를 챙겼었어요. 노트 왼쪽에는 신청서 두 장을 붙였고, 오른쪽엔 티켓 구매를 하다 들었던 생각을 적었습니다. 엊그제 있었던 일처럼 이 순간이 생생히 기억이 나요. 시부야역에서 JR 동일본 여행 서비스 센터로 걸어가던 길, 양쪽으로 길게 늘어서 있던 줄, 각자 자기의 역할을 하고 있던 센터 직원들, 목적지를 이야기하며 티켓에 대한 설명을 듣던 할아버지의 표정까지.

엄마, 동생과 함께한 태국 여행에서 만난 사람들도 종종 생각이 납니다. 여행하는 동안 같은 호텔에 머물렀는데요. 호텔로 들어가는 길목에서 과일을 팔던 가족이 있었거든요. 사흘 내내 망고스틴을 잔뜩 사는 저를 보면서 그렇게 맛있냐고 웃으면서 물어보더라고요. 여전히 그곳에서 일상을 살아갈 그들이 궁금하고, 태국에서 함께했던 가족과의 시간이 그리워집니다.

이렇게 여행지에서의 순간을 기록하면 소중한 경험과 감정을 쌓아둘 수 있어서 좋습니다. 시간이 흘러서 여행했던 당시의 감정과 느낌을 추억할 수도 있고요. 무엇보다 두려움이 많은 제가 '다시 이곳에 혼자 와볼 수 있지 않을까?' 하는 용기를 저축하는 일이기도 합니다. 여행지에서 모은 영수증이 늘어날수록, 여행 노트가 여러 권 쌓일수록 해보지 않은 일을 시도하고 싶은 용기가 민들레 홀씨처럼 날아들곤 해요. 날아든 씨앗이 모두 싹을 틔우진 못하겠지만 그중 하나라도 새로운 땅에 뿌리를 내렸으면 좋겠다는 바람을 담아, 여행 기록을 꾸준히 남겨보려고 합니다. 시간이 오래 걸릴 것 같지만, 언젠가 한 번쯤은 혼자 하는 여행을 해볼 수 있을 거라 믿으며.

write 13

이렇게 써보세요

여행지에서 간편히 쓸 수 있게끔 조금은 작은 크기의 수첩이나 다이어리를 준비합니다. 그날의 날씨, 방문한 장소, 먹었던 음식 등 기본적인 것들을 기록하고, 특히 마음에 스친 감정이나 순간의 느낌을 놓치지 않고 써보세요. 티켓이나 영수증, 사진 등을 함께 붙여두면 더욱 생생한 기록이 됩니다.

여행 노트의 페이지가 채워질수록 해보지 않은 일을
시도하고 싶은 용기가 민들레 홀씨처럼 날아든다.
날아든 씨앗이 모두 싹을 틔우진 못하겠지만,
그중 하나라도 새로운 땅에 뿌리내리길 바라며
오늘도 낯선 곳으로의 여행을 꿈꿔 본다.

> extent 07

당신의 낭만은 안녕하신가요

#도파민 단식 트래커

'도파민 단식'을 주제로 하는 이 글을 쓰기 전에 '숏폼 지옥'이라는 해시태그를 검색하려고 SNS 앱을 켰는데요. 10시 30분에 앱을 열었는데 이 문장을 쓰고 있는 시간은 11시 42분이네요. 저도 모르게 숏폼 영상에 빠져 있었던 거예요. 요즘은 이렇게 한참 스마트폰을 보다가 '왜 내가 앱을 켰더라?' 골똘히 생각하거나 한 시간이 5분처럼 지나가 있어서 한숨을 쉬는 저 자신을 자주 발견하곤 합니다.

책을 읽을 때도 그래요. 좋은 구절이 있으면 공유하고 싶은 마음이 생겨서 인스타그램 스토리에 업로드를 합니다. 업로드만 하고 앱을 닫아야 하는데 엄지손가락은 어느새 새로 올라온

피드에 부지런히 '좋아요'를 누르고 있어요. 스크롤은 멈출 줄 모르고요. 그렇게 시간이 또 훌쩍 지나갑니다.

대화를 나눌 때는 또 어떻게요. 귀는 앞에 앉은 사람의 얘기를 듣고 있지만 눈은 스마트폰을 수시로 쳐다봅니다. 알람이 울릴 때 한 번, 진동이 울릴 때 한 번, 괜히 뭐 온 거 없나 확인하느라 또 한 번 화면을 깨워요. 불현듯 경각심이 들어 잠깐 주위를 둘러보면 저만 그런 것 같지는 않습니다. 각자의 폰을 보며 대화를 나누는 사람들이 상당히 많아요.

자극에 길들여진 마음들

'도파민 중독'이라고 하죠. 게임, SNS 등 스마트폰을 통한 즉각적인 보상 경험이 뇌의 도파민 분비를 자극하면서, 점차 일상적인 활동에서 만족감이 감소하고 더 강한 자극을 찾게 되는 현상을 겪는 사람들이 많아졌어요. 이쯤에서 도파민 중독 상태를 점검해볼 수 있는 자가 진단 체크리스트를 드릴 테니, 각 항목에서 몇 개나 해당하는지 체크해보세요.

- 아침에 잠에서 깨면 스마트폰 알람을 가장 먼저 확인한다.
- 시간이 생기면 숏폼이나 릴스 등 짧은 영상을 무의식적으로 보고 있다.

○ 영상을 정배속으로 보는 게 답답하다.

○ 샤워할 때 욕실에 스마트폰을 가지고 들어간다.

○ 대화를 나눌 때도 스마트폰을 의식하거나 확인하게 된다.

○ 어떤 상황에서든 수시로 스마트폰을 확인한다.

○ 알람이 울리지 않았는데 알람 소리가 들린 적이 있다.

○ 스마트폰 전원이 꺼지면 불안하고 초조해진다.

○ 스마트폰을 잃어버리면 세상을 잃은 기분이 들 것 같다.

○ 스마트폰을 그만 사용해야지 하면서도 계속 사용하고 있다.

○ 궁금한 게 생기면 스마트폰으로 먼저 검색을 해본다.

○ 잠자리에 들 때 스마트폰을 보며 잠이 든다.

여러분은 몇 개 항목에 해당하시나요?. 저는 모든 항목에 체크했어요. 그럴 수밖에 없는 게 이 체크리스트는 신뢰할 만한 기관에서 내놓은 게 아니라 저의 일상을 적어본 거거든요. 인터넷에 돌아다니는 도파민 중독 테스트와 크게 다르지 않은 상태의 삶을 살고 있다니, 적잖이 충격을 받았습니다.

문제는 위 항목에 나온 것처럼 그만하고 싶으면서도 마음처럼 되지 않는다는 거예요. 도파민 중독에서 벗어나보겠다며 유튜브에서 '도파민 단식'을 검색했습니다. 도파민 단식에 관한 영상을 보며 도파민 중독에서 벗어나고자 노력한다니, 참 아이러니합니다. 그래도 경각심을 갖고 바짝 실천하던 때도 있었어요. 도파민 단식 트래커를 사용했거든요. 트래커의 빈칸에 형광펜 자국이 축적되는 맛에 한 달 정도 바짝 실천했는데 여러 핑계로 흐지부지되었습니다. 그 뒤로는 여전히 도파민 중독 증상에서 헤어나오지 못하고 있고요.

오프라인에서만 느낄 수 있는 낭만들

그런데 말입니다. 어떤 이유에서인지 스마트폰이 먹통이 되는 사건이 발생했습니다. 늘 그렇듯 아침에 눈을 뜨자마자 스마트폰 화면을 깨웠는데 그 어떤 알람도 와 있지 않았어요. 이리저리 스마트폰을 만져봤지만 데이터도 터지질 않고 와이파이 연결도 불가능했습니다. 집에 연결된 인터넷이 문제인가 싶어 급히 근처 카페에 달려가 연결을 시도했지만 어떤 방법을 써도 되지 않더라고요.

하필 이날은 한 달간 글쓰기 모임을 함께한 커뮤니티 멤버들과 처음으로 오프라인에서 만나는 날이었습니다. 스마트폰을 어떻게든 연결해보려다 시간을 허비했고, 비까지 추적추적 내리는 날이라 제시간에 도착할 수 있을지 조바심이 나더라고요. 실시간 도로 상황도 검색할 수 없었고, 지금 어디쯤이라는 카톡을 보낼 수도 없었어요. 택시 안에서 발만 동동거리던 그때, 문득

'문자' 생각이 났습니다. 다행히 이전에 모임 공지를 보냈던 문자가 남아 있어서 번호를 몰라도 연락을 할 수 있었어요.

'친구들! 저 지금 가고 있는데 차가 막혀서 10분 정도 늦을 것 같아요. 먼저 인사 나누고 계셔요. 지금 제 스마트폰이 먹통이라 아무것도 되질 않는데 문자가 갈지 모르겠어요. 혹시 문자가 가면 답장 한 번만 부탁드려요.'

10분처럼 느껴지는 1분이 지나고 문자가 왔다는 답장을 받았습니다. 걱정하지 말고 천천히 오라는 따뜻한 마음도 함께요. 초조했던 마음이 녹아내리는 걸 눈치챘는지, 택시 안 라디오에선 동방신기의 〈풍선〉이 흘러나왔습니다.

지나가버린 어린 시절에
풍선을 타고 날아가는 예쁜 꿈도 꾸었지
노란 풍선이 하늘을 날면
내 마음에도 아름다운 기억들이 생각나

바로 그 순간, 전 낭만에 취해버렸어요. 택시 안에서 마주한 모든 풍경이 저의 오감을 깨우더라고요. 문자를 읽고 답장 보냈을 친구들의 모습이 상상돼서 피식 웃었고, 백미러에 가족사진 열쇠고리를 걸어놓으신 택시 기사님의 뒷모습을 바라보며 그의 삶을 잠시 궁금해하기도 했습니다. 사연을 읽어주는 이름 모를 라디오 DJ의 목소리가 좋다는 생각도 했고, 차창 너머 우산 하나를 함께 쓰고 걸어가는 모녀를 바라보며 엄마와의 태국 여행을 떠올리기도 했어요. 모든 생명이 온 힘을 다해 살아 숨 쉬는 듯한 여름의 짙은 향기를 맡기도 했고요.

온라인에서 맛볼 수 있는 자극에 대한 집착을 내려놓으니 온몸의 센서가 섬세하게 작동하는 느낌이었어요. 평소라면 약속 장소에 도착할 때까지 고개가 아픈 줄도 모르고 스마트폰을 보고 있었을 거잖아요. 이 아름다운 순간을 누리지 못할 뻔하다니. 몹시 억울할 뻔했습니다.

올 여름에 가수 싸이 공연에 간 적이 있는데요. 공연 시작 전에 그가 이렇게 말하더라고요.

"소리 지르고 싶으면 소리 지르고 뛰고 싶으면 마음껏 뛰고, 오늘만큼은, 이 순간만큼은 실컷 즐기다 가세요. 기록하지 말고 기억하세요."

스마트폰으로 무대를 촬영하느라 지금 이 순간을 놓치지 말라는 얘기였어요. 그날 저는 공연 내내 폰 한 번 보지 않고 신나게 뛰어 놀았습니다. 도파민 중독에서 벗어난다는 건 잃어버린 낭만을 되찾는 일이었어요. 네모난 기계 안이 아닌, 눈앞에 펼쳐진 순간을 보고, 만지고, 느끼는 것. 내게 주어진 지금 이 순간을 온전히 누리는 것.

여전히 도파민 중독과 씨름 중인 일상을 살아갑니다. 솔직히 도파민 단식과 관련된 트래커는 평생 써야 할 것 같아요. 다만 이전과는 다른 내용의 리스트를 적어두려고 합니다. 하면 안 되는 일이나 쉽게 얻을 수 있는 것 말고, 노력해서 얻을 만큼의 가치가 있는 것들로 채우고 싶어졌어요. 대화할 땐 상대방의 눈을 바라보기, 이어폰을 빼고 자연의 소리 들어보기, 이동할 땐 책 보기 같은 것들이요.

인생에서 낭만을 잃고 싶지 않습니다. 그래서 눈앞에 있는 것들, 나를 둘러싼 풍경을 바라보는 시간을 조금씩 늘려가려고요. 낭만은 스마트폰 안에 있는 것이 아니라 나의 시선에서부터 시작되는 것이니까요. 매 순간 도파민으로부터 자유로울 거라고 장담하지는 못하겠습니다. 다만 낭만을 잃어가는 것 같은 순간을 눈치챌 수 있도록 도파민 단식 트래커를 꾸준히 써보려고요.

여러분의 낭만은 안녕하신가요?

이렇게 써보세요

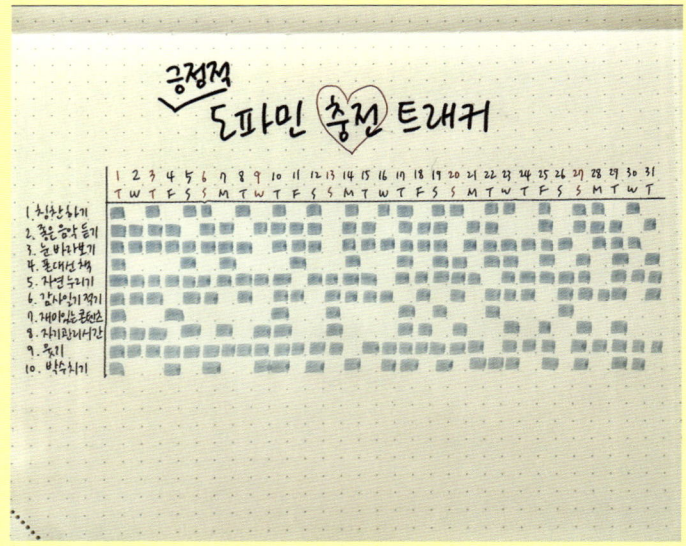

빈 노트에 표를 그리고 날짜와 요일을 쓴 뒤 도파민 단식이 필요하다고 생각되는 항목을 적어보세요. 하루를 마감하기 전에 체크하는 루틴을 만들고, 내일 실천할 항목에 대해 생각해봅니다. 긍정적인 도파민의 활성화는 삶의 활력을 높여주므로, 이를 위한 구체적인 항목을 정리해보는 것도 좋습니다.

도파민 중독에서 벗어난다는 건 잃었던 낭만을 되찾는 일이었다.
눈앞에 펼쳐진 순간을 보고, 만지고, 느끼는 것.
내게 주어진 지금 이 순간을 온전히 누리는 것.

extent
08

느슨한 연대가 주는 힘

#온라인 기록

저는 종종 SNS에 문장 수집 노트를 올립니다. 빈 종이 한가득 적어둔 문장과 노트, 만년필…. 별것 아닌 일상의 한 장면이지만 저의 취향이 듬뿍 담긴 사진을요. 처음 SNS에 기록 콘텐츠를 올리기 시작했을 땐 이런 소소한 순간들이 과연 누구에게 의미가 있을까 싶었어요. 그저 내가 잊지 않기 위해 기록으로 남기는 데 의미가 있다고 생각했죠. 하지만 시간이 지나면서 예상치 못한 일들이 일어나기 시작했습니다. 얼굴 한 번 본 적 없는 낯선 이들이 제가 남기는 온라인 기록에 '좋아요' 버튼을 누르고 따뜻한 댓글을 달아주었어요.

"저도 요즘 필사를 시작했는데, 이 문장 정말 좋네요."

"덕분에 저도 필사를 하고 싶어졌습니다."

"다이어리를 끝까지 써본 적이 없는데 불렛 저널에 도전해보고 싶네요."

"정갈한 글씨체 덕분에 마음이 평온해져요."

나만의 기록이라고 생각했던 것들이 다른 이의 마음에 연결되고 있다니, 신기하기도 하고 감사한 마음이 들더라고요. 퇴사 후 마땅히 할 수 있는 일이 없어 좌절하고 있을 때도 이들의 작은 한마디는 커다란 힘이 되었습니다. 모든 댓글과 메시지가 '너 가능성 있어! 할 수 있어! 꾸준히 해봐!'라는 말로 번역되어 들렸어요.

비교가 아닌 함께 성장하는 사람들

SNS 속 콘텐츠를 소비만 하는 사람일 땐 타인의 삶과 제 삶을 비교하기 바빴습니다. 저마다의 행복한 시간, 최고의 순간과 비교하려니 제 삶이 너무 보잘것없더라고요. 하지만 서로 얼굴을 마주하지 않고도 마음을 나눌 수 있는, 온라인으로 연결된 느슨한 관계 덕분에 '나의 삶, 나의 생각도 누군가와 나눌 수 있는 콘텐츠가 될 수 있구나'라는 확신을 얻었습니다. 가진 게 많은 사람, 외모가 매력적인 사람, 능력이 뛰어난 사람이 아니어도 남들에게 도움을 주는 사람이 될 수 있고, 함께 마음을 나눌 수 있다는 걸 알게 되었어요.

현실에서라면 혼자 조용히 시작했다가 금세 포기했을 일을 꾸준히 해내기도 했습니다. 해보지 않았을 일에 도전해보기도 했고요. 거창한 일이 아니에요. 영어 필사를 100일 동안 했고, 하루 이틀 달리다 말았을 러닝을 한 달 동안 했습니다. 오늘의 일기를 미룰까 싶다가도 이내 책상에 앉아 여섯 줄의 일기를 써내려갔고, 일상에서의 익숙한 일에 작은 변주를 주며 낯선 시도를 해보기도 했어요.

이런 제 모습을 보면서 누군가는 자신만의 프로젝트를 시작한다는 소식을 전해왔습니다. 다시 기록을 하게 되었다는 친구들도 있었고요. 서로가 서로를 응원하며 좋은 에너지를 주고받게 되더군요. 실제로 만난 적은 없지만 기록을 통해 공감대를 형성하고, 각자의 성장을 함께 지켜보며 격려하는 소중한 사이가 되었습니다.

요즘은 제가 운영하는 대화 모임인 아날로그 살롱에서 한 달에 한 번, 기록 친구들을 만나고 있는데요. 처음 만난 기록 친구들이 마음을 열고 친해지는 데는 그리 오랜 시간이 걸리지 않았습니다. 일단 기록과 문구를 좋아한다는 공통분모를 가지고 있거든요. 마음을 얻으려 애쓰지 않아도 각자의 기록을 공유하고 취향에 관한 대화를 나누다보면 서로에게 자연스럽게 스며들더라고요. 눈을 마주치며 이야기를 나누는 경험은 우리의 관계를 한층 깊고 풍성하게 만들어주었습니다. 오프라인 모임 후에는 온라인에서의 소통도 더욱 따뜻하고 친밀해지는 걸 느낄 수 있었어요.

그렇게 우리는 기록과 삶에 관한 이야기를 나누며 서로를 판단하지 않고, 각자의 생각과 경험을 존중하는 관계를 유지하고 있습니다. 그 모든 것이 '느슨한 연대' 덕분이라고 생각해요. 사이가 가까울수록 충조평판(충고, 조언, 평가, 판단)하게 되잖아요. 하지만 적당한 거리는 서로를 있는 그대로 바라볼 수 있는 여유를 선물합니다. 그래서 기록 친구들과의 만남은 언제나 즐거워요.

소통을 넘어 다정한 커뮤니티로

온라인 기록을 남기길 참 잘했습니다. 온라인 기록을 남기지 않았다면 이 모든 경험을 할 수 없었고, 소중한 인연들을 만날 수도 없었을 테니까요. 요즘의 저는 대가 없이 받은 응원의 마음을 어떻게 하면 보답할 수 있을지 고민하는 데 시간과 에너지를 쓰고 있어요. 나만의 속도를 존중하는 사람들을 위한 콘텐츠를 만들고, 기록으로 다정한 마음을 건넬 수 있는 지금이 당연하게 주어진 시간이 아니라는 걸, 저 혼자의 힘으로 성장한 것이 아니라는 걸 너무나 잘 알고 있거든요.

그래서 기록을 매개로 더 많은 사람이 자기 자신을 이해하고, 인정하고, 사랑하는 과정에 힘을 보태려 합니다. 쓰는 문화를 만들고 넓히는 데 일조하고 싶어요. 제가 누군가의 시작에 도움이 되는 사람이었으면 싶고, 지금처럼 누군가의 삶을 함부로 판단하지 않는 사람들이 모여 서로를 열렬히 응원하는 문화를 가진 커뮤니티를 만들어가고 싶습니다.

여러분에게 SNS는 어떤 의미인가요? 단순히 콘텐츠를 소비하거나 간단한 소통을 위한 도구인가요? 혹은 여러분의 삶을 더 풍요롭게 만드는 창구 역할을 하고 있나요? 사람은 사람과 함께 성장합니다. SNS를 통해 작은 일상을 기록하고 누군가에게 따뜻한 응원을 남겨보는 건 어떨까요? 그 기록이 모여 언젠가 여러분 인생의 특별한 한 페이지를 장식하게 될지도 모릅니다. 지금의 저처럼요.

| write 15 | **이렇게 써보세요**

> 그리고 리니님, 저는 리니님이 아~무것도 안하셔도 괜찮구요, 무조건 응원해요. 하고 있는 일들, 앞으로 할 일들이 무엇이든 누구보다 리니님에게 가장 좋으면 좋겠어요. 건강 잘 챙기셔요.
> ❤️

모든 것이 서툴렀던 날, 모든 것이 처음이었던 날에 기록 친구가 보내준 응원의 메시지입니다. 오랜만에 다시 꺼내 보니 그때의 마음이 떠올라 뭉클하네요.
따스한 말 한마디는 누군가를 일으켜 세우는 힘이 있습니다. 응원하고 싶은 누군가에게 작은 마음을 담은 메시지를 보내보는 건 어떨까요?

SNS에 남기는 작은 기록이 모여 나만의 서사가 되고,
그 서사는 다른 이들의 이야기와 만나 느슨한 연대를
만들어간다. 너무 가깝지도, 멀지도 않은 거리에서
서로를 있는 그대로 바라보며 따뜻한 위로와 응원을 건넨다.

좋은 문장을 베껴 쓰면 생기는 일

#문장 수집

코로나19 바이러스가 한창 유행이던 시절, '필사'라는 취미가 생겼어요. 그때는 집 앞의 카페조차도 마음 편히 갈 수 없었잖아요. 집에서 할 수 있는 취미가 필요했습니다. 이왕이면 생산적인 일이었으면 했고요. 이전에도 좋은 문장이 있으면 다이어리 한쪽에 적어두곤 했었는데 이참에 노트를 따로 마련해서 필사를 본격적으로 시작해보면 어떨까 싶더라고요.

막상 필사용 노트를 준비하고 나니 페이지를 어떻게 채울지 부담이 되었습니다. 무엇을 어떻게 써야 할지, 꾸준히 할 수 있을지 등 고민을 한참 했어요. 하지만 걱정이 무색하게도 어느덧 노트의 마지막 장이 가까워지고 있습니다. 처음엔 소소한 취미였는데 지금은 제 삶에서 아주 중요한 영역을 차지하고 있어요. 매일 밤 잠들기 전, 아침에 눈을 뜨자마자 필사 노트를 펼치는 게 일상이 되었습니다.

저는 주로 도트 노트에 필사를 합니다. 글씨를 가득 채웠을 때 줄 노트나 모눈 노트보다 가독성이 좋더라고요. 필사는 대부분 책을 완독한 후에 하고 있는데요. 그 이유는 책 한 권의 흐름을 이해한 뒤 쓰고 싶어서입니다. 책을 읽으며 작가가 하고 싶은 말이 무엇인지 쭉 들어본 뒤에, 중요한 내용을 요약 정리하고 제 생각을 덧붙이는 방법으로 필사를 해요.

책을 읽는 과정에서 공감이 되거나 기억하고 싶은 부분, 언젠가 인용해보고 싶은 생각이 드는 문장이 있는 페이지에는 인덱스를 붙여둡니다. 그리고 인덱스를 붙인 모든 문장을 필사하긴 현실적으로 어렵기 때문에 책 한 권당 노트의 양면 페이지를 넘기지 않는 것으로 분량을 정했어요. 분량을 정해두니 중요하다고 생각되는 문장을 추려내는 훈련이 되어 좋더라고요.

필사할 책을 고르는 특별한 기준은 없습니다. 저의 경우 재미있게 읽은 책이나 생각할 거리가 있는 책을 필사하고 있어요. 사실 중요한 건 '어떤 책'인지보다 '내가 필사하고 싶은 책'이더라고요. 뭐든 재미가 있어야 꾸준히 할 수 있으니까요.

효율과 속도가 중시되는 요즘 시대에 손글씨로 문장을 베껴 쓰는 저의 취미를 보고, 도대체 왜 필사를 하느냐는 질문을 많이 하시는데요. 제가 생각하는 필사의 유익 10가지를 알려드릴 게요. 이 글을 다 읽고 나면 아마 여러분도 필사 노트를 마련하고 싶으실 거예요.

오롯이 나에게 집중하는 시간

아침부터 잠들기 전까지 우리는 누군가와 항상 연결되어 있습니다. 가족, 회사 동료, 지인, 오가며 만나는 이들, SNS 속 잘 모르는 이들까지, 끝이 없죠. 그렇게 사람들과 늘 연결되다 보니 나 자신과 연결되는 시간은 턱없이 부족합니다. 수많은 만남 속에서 나라는 존재와는 정작 만나지 못해요.

이럴 땐 의도적으로 세상과 로그아웃하고 나 자신에게 로그인하는 시간이 필요한데요. 필사하는 시간만큼은 책과 문장, 노트와 펜 그리고 내가 존재해요. 휴대전화의 알림음도, 주변의 소음도 모두 사라지고 오직 나의 호흡과 펜이 종이 위를 스치는 소리만 들립니다. 이 고요함 속에서 오롯이 나에게로 로그인하는 시간, 나를 만나는 시간을 가질 수 있어요.

집중 그리고 몰입

저는 필사를 할 때 베껴 쓰고 싶은 문장을 읊조리며 노트에 옮겨 적습니다. 문장을 그대로 베껴 써야 하니까요. 덕분에 아주 고도의 집중력을 발휘하게 됩니다. 노트북으로 작업할 땐 창을 많이 띄워두고 여러 가지 일을 한꺼번에 처리하잖아요. 속도는 빠른 것 같지만 오히려 산만해집니다. 딴짓도 많이 하게 되고요.

하지만 필사는 책과 문장, 글씨에 집중하며 빈 페이지를 채워야 하기에 한 시간이 10분처럼 지나가는 신기한 일이 벌어집니다. 온전히 몰입하게 되는 경험, 이 시간이 참 귀해요.

어휘력과 문해력의 향상

필사는 우리의 언어 능력을 자연스럽게 키워줍니다. 예전에는 글을 읽다가 낯선 단어를 만나면 '대충 이런 뜻이겠지' 하고 넘기곤 했어요. 하지만 필사를 시작한 후로는 모르는 단어를 만날 때마다 사전을 찾아보는 습관이 생겼습니다. 이 과정에서 단순히 단어의 뜻을 아는 데 그치지 않고 그 단어가 문장 속에서 어떤 역할을 하는지, 어떤 미묘한 느낌을 전달하는지 깊이 이해하게 되었어요. 단어가 모여 문장을, 문장들이 모여 문단을 이루는 과정을 직접 손으로 써가면서 체득하게 된 거죠.

필사를 거듭할수록 단순히 어휘력이 늘어난 것을 넘어, 글 전

체의 흐름과 작가의 의도를 파악하는 문해력도 함께 향상되었답니다.

해낼 수 있다는 자신감과 성취감

손끝으로 전해진 필압이 고스란히 종이에 묻어난 필사 노트를 보고 있노라면 책을 읽고 필사를 하며 들었던 생각, 그날의 분위기, 배경으로 들었던 음악 등 차곡차곡 쌓아온 나의 시간이 눈앞에 펼쳐지는 듯한 기분이 들어요. 처음 시작했을 때의 서툰 글씨체부터 점점 익숙해지는 필체와 문장을 고르는 안목의 변화까지, 말로 표현하기 힘든 뿌듯함이 밀려옵니다. 빈 노트가 나의 시간과 노력으로 조금씩 채워지는 과정을 보고 나면 다른 일도 분명 잘 해낼 것 같은 자신감이 생겨요.

저자와 대화하는 시간

책을 펼치고 펜을 들면 그 순간 저자와 나만의 소소한 티타임이 시작됩니다. 저자가 자신의 이야기를 들려주면 저는 귀 기울여 듣고 그의 말을 노트에 받아 적으면서 제 생각을 정리하곤 해요. 때론 작가의 재치 있는 표현에 혼자 피식 웃기도 하고, 가끔은 '어머, 이건 내 생각과 다른데?' 하며 살짝 고개를 갸우뚱하기도 합니다. 마음에 쏙 드는 문장을 만나면 '와, 어떻게 이런 표현을 쓰셨어요?'라며 물개 박수를 칠 때도 있고요.

    그렇게 필사를 마치고 나면 좋은 사람과 즐거운 시간을 보냈다는 기분 좋은 여운이 남습니다. 일상 속에서 종종 작가와 나눈 대화가 떠오르기도 하고요. 시공간을 초월해 저자와 마주 앉아 커피 한잔을 나누는 듯한 이 경험은 독서 후 필사를 할 때 배가 됩니다.

아이디어 수집

    좋은 문장을 한 줄 한 줄 정성스레 옮겨 적다 보면 읽을 때는 미처 발견하지 못했던 반짝이는 아이디어들이 눈에 들어오는데요. 그럴 때 곧바로 아이디어 노트에 기록을 해둡니다. 작가의 아이디어와 저의 생각이 만나 새로운 창작물의 씨앗이 되는 순간이죠. 이렇게 모은 아이디어들은 나중에 글을 쓰거나 강연을 할 때, 콘텐츠나 모임을 기획할 때 큰 힘을 발휘합니다.

    특히 다양한 분야의 책을 필사하다 보면 서로 관련 없어 보이는 내용들이 연결되는 경험을 하게 되는데요. 예상 밖의 조합에서 참신한 기획이 탄생하기도 합니다. 필사는 단순히 문장을 따라쓰는 일 같지만, 실은 그 과정에서 나만의 아이디어를 발견하고 숙성시키는 과정이라고 할 수 있어요.

책 속의 책을 만나는 기쁨

필사를 하다 보면 책 속에서 또 다른 책을 만나는 즐거움이 있습니다. 저자가 인용한 구절이나 참고 문헌을 옮겨 적으면서 마치 도서관의 새로운 서가를 발견한 듯한 설렘을 느끼는데요. 익숙한 고전의 구절이 새로운 맥락에서 등장할 때는 반갑기도 하고, 전혀 모르던 책의 제목에 호기심이 생겨 찾아보기도 합니다. 이렇게 발견한 책들은 나의 독서 목록을 풍성하게 만들어주고 끊임없이 새로운 세계를 알아가고 싶은 마음을 선물해줘요. 읽는 속도보다 책을 사는 속도가 더 빠른 것이 살짝 문제이긴 하지만요(하하).

가슴으로 기억하는 문장

유산으로 몸과 마음이 힘들었던 시절을 떠올리면 남편의 두 손에 들려 있던 분홍 보자기가 생각납니다. 분홍 보자기 안에는 시어머니가 만들어주신 음식이 한가득 있었는데요. 음식을 하나씩 꺼내면서 먹는 방법을 설명하는 남편의 얼굴을 보는데 예전에 필사했던 문장이 떠올라 펑펑 울었어요. 어머님이 해주신 음식이 아픈 저를 위한 간절한 기도 같았거든요.

결코 내 것일 수 없다고 여겼던, 내가 소중하다는 감각과 나를 이어준 한 끼의 식사. 어떤 음식은 기도다. 누군가를 위한 간절한.

_김혼비, 《다정소감》

책을 읽을 때는 눈으로만 스치듯 지나갔던 문장이, 필사를 하면서 가슴에 새겨집니다. 그렇게 가슴 깊이 새겨진 문장은 일상 속에서 문득문득 떠오르며 위로와 용기를 주기도 하고요. 저는 요즘도 필사를 통해 마음으로 기억하는 문장을 만들어가는 중입니다.

변하지 않는 것들에 대하여

타인의 문장을 옮겨 적다 보면 내 안의 목소리가 깨어나는 걸 느끼게 됩니다. '나라면 이 문장을 어떻게 표현했을까?', '난 어떤 이야기를 할 수 있을까?', '나도 한번 써볼까?' 같은 생각을 하게 돼요. 책의 내용이 곧 내 이야기이기도 하거든요. 사람 사는 이야기를 쓴 게 책이니까요.

필사는 결국 자기 글을 쓰기 위한 디딤돌이라는 조경국 작가님의 말씀에 매우 공감합니다. 저도 필사를 꾸준히 하다 보니 글이 쓰고 싶어졌고, 지금은 이 책을 쓰고 있거든요. 누군가의 문장에서 영감을 얻고 이를 발판 삼아 나만의 이야기를 써 내려가고 싶은 마음이 들게 하는 것, 필사가 주는 광장한 유익입니다.

필사는 결국 자기 글을 쓰기 위한 디딤돌입니다. 좋은 글을 베껴 쓰다 보면 나중엔 '나의 글'을 쓰고 싶은 생각이 자연스레 듭니다. 필사(筆寫)가 아니라 자신의 생각을 쓰는 필사(筆思)로 조금씩 나아갑니다.

_조경국, 《필사의 기초》

필사는 마음으로 읽고 손으로 기억하는 방법이자 좋은 생각을 내 안에 심는 것과 같습니다. 필사를 통해 글자 너머의 의미를 만나고, 여러분만의 이야기를 써 내려갈 수 있기를 바랍니다.

이렇게 써보세요

write 16

좋은 문장을 베껴 쓰는 것은 문장력을 향상시키고 글을 깊이 이해하는 데 아주 유용한 방법이에요. 이를 잘 활용하는 방법은 다음과 같습니다.

1. **의미를 이해하고 옮기기** 그냥 따라 쓰기보다 그 문장이 말하고자 하는 의미를 충분히 이해한 후에 필사하면 훨씬 효과적이에요. 의미를 음미하면서 왜 이런 표현을 사용했는지 생각해보세요.

2. **자신의 문체와 비교해보기** 필사한 문장을 자신의 문체와 비교해보세요. 이 문장이 왜 매력적으로 느껴지는지, 어떤 점에서 자신의 표현과 차이가 있는지 관찰하면 글의 스타일을 넓히는 데 도움이 돼요.

3. **문장의 리듬 파악** 문장의 리듬을 느끼며 베껴 쓰는 것도 중요한데요. 이 과정에서 문장의 호흡이나 리듬을 체화하면 나중에 자신의 글에서도 더 자연스럽고 생동감 있는 문장을 쓸 수 있어요.

4. **손으로 직접 쓰기** 타이핑보다 손으로 직접 쓰는 것이 기억에 더 오래 남고, 글의 뉘앙스를 더 깊이 느낄 수 있게 도와줘요. 글자의 모양과 선을 따라가며 하나하나의 단어에 집중해보세요.

5. **문장의 변형 연습** 베껴 쓰기를 마친 후에는 같은 문장을 자신만의 표현으로 바꿔보세요. 원래의 문장을 참고해 비슷한 의미를 유지하면서도 새롭게 만들어보면 표현력을 키우는 데 도움이 돼요.

6. **생각과 감정을 기록하기** 좋은 문장을 베껴 쓰면서 떠오르는 생각이나 감정을 짧게 기록해보세요. 왜 이 문장이 특별히 와닿았는지 적다 보면 자신만의 해석과 사유가 녹아들어, 필사 경험이 더욱 깊어질 거예요.

필사는 마음으로 읽고 손으로 기억하는 방법이자
좋은 생각을 내 안에 심는 행위이다. 필사를
통해 글자 너머의 의미를 만나고, 당신 안의 이야기를
써 내려갈 수 있기를.

extent 10

변하는 것 사이에서 변하지 않는 것

#클래식 음악 노트

동해안으로 휴가를 갔을 때였어요. 달빛이 밤바다를 환하게 비추는 해변에서 클로드 드뷔시의 〈달빛〉을 들었습니다. 파도 소리와 피아노 선율이 어우러져 묘한 조화를 이루더군요. 문득 이런 생각이 들었습니다. '200년도 더 된 곡인데 지금 이 순간 내 마음을 어루만지고 있네.' 여러분도 혹시 이런 경험이 있으신가요? 오래된 음악이 현재의 감정과 맞닿아 특별한 순간을 만드는 경험 말이에요.

빠른 세상에서 느리게 살기

1년 전까지만 해도 전 클래식 음악과는 거리가 먼 사람이었어요. 클래식 하면 그저 어렵고 어떤 곡을 어디서부터 들어야 할지 잘 모르는, 듣기 전부터 잠이 쏟아지는 그런 사람이요. 그런 제가 클래식 음악과 친해지고 싶어진 계기가 있었습니다. 바로 박웅현 님의 《여덟 단어》에서 수집한 문장 때문인데요.

> 대부분의 것들이 시간에 굴복합니다. 그런데 고전은 시간과 싸워 이겨냈어요. 300년, 500년을 살아남았고 앞으로 더 살아남을 겁니다. 놀랍지 않습니까? 저는 이게 정말 궁금했어요. 모든 것이 시간 앞에 다 풍화되어버리는 세상 속에 고전 작품들은 도대체 어떻게 그토록 오래도록 살아남을 수 있는 것인지. 아니 풍화되기보다 마치 시간에 엄호를 받고 있는 듯 날이 갈수록 더 단단해질 수 있는 것인지. 그것이 무척 궁금했습니다.
> **_박웅현, 《여덟 단어》**

요즘 세상은 참 빠르게 변합니다. 매일 새로운 것들이 경쟁하듯 쏟아져 나와요. 어제까지만 해도 유행이었던 밈(Meme)이 오늘 나타난 또 다른 새로운 밈에 밀려 구식이 되고요. 너무 빠른 속도가 힘에 부치면서도 우리는 어떻게든 트렌드를 쫓아가느라 바쁩니다. 나 혼자 뒤처질 순 없으니까요.

월 1,000만 원 벌기에 대한 콘텐츠를 보고 나면 당장이라도

월 1,000만 원을 벌 계획을 세워야 할 것만 같고, 주식을 해서 성공한 이들을 보면 주식을 하지 않는 내가 바보처럼 느껴져요. 갓생을 사는 사람들을 보며 나만 너무 나태하게 살고 있는 건 아닌지 자꾸만 자기 자신을 채찍질하기도 하고요.

저 또한 한때 그런 분위기에 휩쓸렸던 것을 고백합니다. 우연히 보게 된 영상 하나에 마음이 갈대처럼 흔들린다거나, 그럴싸해 보이는 인플루언서의 모습을 맹목적으로 동경하고, 타인의 꿈을 나의 꿈이라 착각하며 살았던 순간도 있었거든요. 나의 신념과 가치를 지키면서도 세상의 변화에 유연하게 대응하는 지혜로운 태도를 지닌 어른이고 싶은데, 현실에서는 쉽지 않더라고요.

시류에 휩쓸려 삶의 의미가 흔들릴 때면 '본질이 무엇일까?'라는 질문을 붙들곤 했습니다. 내가 생각하는 본질이 무엇이냐에 따라 나의 선택과 행동이 달라질 테니까요. 본질을 정의하는 것은 여전히 어렵습니다. 시행착오도 자주 겪고 있고요. 하지만 훈련하면 지금보다 더 나아질 것을 믿었고, 박웅현 님이 이야기한 '고전(클래식)'에서 힌트를 얻었습니다. 수백 년의 시간 속에서 살아남은 클래식을 탐구하다 보면 변하는 것들 사이에서 변하지 않는 본질이 무엇인지 알 수 있을 것 같았어요.

클래식을 알려고 하기 전에 우선 느끼라고 하더군요. 관심을 갖고 궁금해하는 것부터 시작이라고요. 제게 관심이란 그 주제의 노트를 만드는 것으로부터 시작되기에 새하얀 미도리 노트를 마련해 '클래식 노트'라는 제목을 붙여주었습니다.

고전 음악가나 악기 등 클래식과 관련된 스티커를 사서 붙이기도 하고, 연주회에 다녀온 뒤에는 리플릿을 오려 붙이고 관람 소감을 쓰기도 했어요. 밤바다에서 드뷔시의 〈달빛〉을 들은 날엔 밤바다 풍경 사진을 인화해서 붙여두었습니다. '이런 평화롭고 조용한 분위기에서 들었던 음악이었지' 하고 기억할 수 있도록요. 주변에서 추천받은 클래식 음악 리스트를 써두기도 했는데요. 제목을 써보는 것만으로도 이전보다 음악과 친해진 기분이 들었습니다.

변하지 않는 것들에 대하여

이 글을 쓰고 있는 지금은 요한 파헬벨의 〈캐논〉을 듣고 있습니다. 캐논 연주의 여러 버전을 듣다가 조지 윈스턴의 연주를 무한 반복해서 듣는 중이에요. 영혼을 치유받는 기분이 들거든요. 클래식을 자주 들으며 노트에 기록하다 보니 시대가 변해도 변하지 않는 것들이 있다는 말이 어떤 의미인지 아주 조금은 알 것 같습니다. 드뷔시의 〈달빛〉을 들으며 느낀 감동, 파헬벨의

〈캐논〉을 들으며 느끼는 마음의 평화, 이런 감정들은 수백 년 전 사람들도 똑같이 느꼈을 거잖아요. 클래식은 인간의 보편적인 감정을 담고 있어서 시대를 초월해 사람들의 마음을 움직이는 것 아닐까요?

하지만 여전히 클래식은 어렵고, 아직도 많은 부분이 낯설게 느껴집니다. 변하는 세상 속에서 변하지 않는 본질이 무엇인지 아직도 잘 모르겠는 것처럼요. 그럼에도 서툴지만, 이렇게 노트에 한 줄 한 줄 기록하며 제 방식대로 천천히 클래식과 가까워져보려고 합니다. 언젠가 이 노트의 마지막 장을 덮을 때쯤엔, 지금보다 본질에 조금 더 가까워진 삶이길 기대하며.

이렇게 써보세요

클래식 음악과 관련된 스티커, 티켓, 연주 리플릿 등을 붙이고 여백에 기록을 남겨보세요. 어느 장소에서 어떤 클래식을 들었는지, 처음 들었을 때 날것의 느낌은 어땠는지, 다시 듣고 싶은 음악인지, 작곡가는 누구인지 등 간단하게 적어도 됩니다. 한 장 한 장 기록을 채워가는 과정에서 클래식과 조금 더 가까워지게 될 거예요.

여전히 클래식은 어렵고 낯선지만 한줄한줄 기록하며 나아간다.
모든 것이 변해도 변하지 않는 나안의 본질에 조금 더 가까워지길 바라며.

| 3장 | 깊이 |

기록으로 찾아가는 나의 미래

1장에서 일상의 소소한 기록을 남기고, 2장에서 세상을 향한 시선을 넓혔다면 이제는 나의 내면 깊숙이 들어가보자.

미래일기로 꿈꾸는 나를 그려보고, 성찰 기록으로 삶의 의미를 찾으며, 실패의 순간도 놓치지 않고 기록하다보면 내 안의 무한한 가능성이 보이기 시작할 것이다.

이런 기록들은 나의 생각을 확장시키는 동시에, 더 깊은 사유를 할 수 있도록 이끌어준다. 그 과정에서 스스로를 다시 정의하고 인생을 보는 새로운 시각을 발견할 수 있다.

내면의 목소리에 귀 기울이며 조금 더 깊이 있는 기록을 시작해보자. 그 기록들을 통해 당신의 새로운 세계가 열릴 것이다.

삶에서 덜어내야 할 것들

#정리 물건 리스트

중요한 일의 데드라인이 다가올 때면 해야 할 일은 뒤로하고 갑자기 머무는 공간을 정리하고 싶은 마음이 들곤 합니다. 시험 전날엔 책상 정리를 열심히 하다 새벽이 되었고, 회사에 다닐 땐 중요한 행사 PPT를 만들다 말고 노트북 폴더 안 파일을 정리하느라 시간을 보냈어요.

여러 번 경험해보니 이제는 알 것 같아요. 갑자기 정리하고 싶어지는 마음이 드는 이유는 정말 정리가 필요해서가 아니라 더 중요하고 어려운 일을 피하고 싶은 마음 때문이라는 것을요. 시험공부, 업무 자료 작성, 원고 쓰기, 소원해진 관계 회복, 진로에 대한 고민 등 마주하고 싶지 않은 문제들 앞에서 우리는 종종

'정리'라는 도피처를 찾습니다.

하지만 언제부터인가 회피를 위한 정리가 아닌, 실제로 제 삶에서 정리가 필요하다는 생각이 들었습니다. 아무렇게나 쌓여 있는 노트와 책, 식탁이나 소파 위에 널브러져 있는 잡동사니, 제자리를 찾지 못해 쓰던 자리에 대충 놓여 있는 물건들, 사놓고 한 번도 쓰지 않은 제품들까지…. 머무는 공간의 모습을 둘러볼 때마다 내 삶에 정말 필요한 물건은 무엇인지, 필요하지 않은 물건은 무엇인지, 소유했다고 생각한 물건에 오히려 소유당하며 살아가고 있는 건 아닌지 곱씹어보게 되더라고요.

정리, 미니멀리즘, 심플 라이프라는 단어에 꽂혀 관련된 콘텐츠를 한참 찾아봤습니다. 딱 필요한 물건만 남기고 가지런히 정돈된 누군가의 집 안 풍경을 보는 것만으로도 마음이 차분해지더군요. 그들은 약속이라도 한 듯 입을 모아 얘기했습니다. "물건을 정리하면 불필요한 것들로부터 낭비되는 시간을 되찾을 수 있습니다. 중요하다고 생각하는 가치에 시간을 쏟을 수 있는 여유가 생겨요. 집안일이 버겁게 느껴지거나 에너지를 아끼고 싶을 때 집에 있는 물건을 더 과감히 비워보세요. 단정한 공간이 주는 기쁨을 누리실 수 있을 겁니다"라고요.

그래서 물건을 비우기로 마음먹었습니다. 단순함에서 오는 단단한 삶, 저도 그런 삶을 살고 싶었거든요. 나의 공간에 꼭 필요한 존재들만 남아 있길 바라며 사흘 만에 꽤 많은 물건을 정리했습니다. 같은 용도의 물건은 하나만 남겨두고, 몇 년째 입지 않는 옷, 언젠가 필요할 것 같다는 생각이 드는 물건도 과감히 버렸어요. 이런 식으로 정리하면 진짜 필요한 몇 가지 물건만으로 인생을 살아가는 게 가능할 것 같았습니다.

하지만 설렘은 그리 오래가지 않았어요. 극단적인 다이어트는 요요 현상을 불러온다는 걸 깜빡 잊고 있었죠. 큰 고민 없이 극단적인 비움을 실천했더니 비워진 공간에 다시 뭔가를 채우고 싶은 보상 심리가 생겨 계획에 없던 충동 소비를 했습니다. 수년째 쓰지 않아 버린 물건을 남편이 갑자기 찾기도 했고, 버린 물건이 필요해서 다시 사들이기도 했어요. 이때 물건을 버리는 것만이 능사가 아니라는 걸 뒤늦게 깨달았습니다. 진정 나에게 필요한 것을 남기는 과정, 정리란 그런 것이었어요.

제대로 된 정리를 하고 싶었습니다. 무작정 버릴 게 아니라 물건의 가치에 대해 한 번 더 생각할 필요가 있었어요. 그래서 노트에 삶에서 덜어낼 물건 리스트를 적어보기로 했습니다. 나에게 꼭 필요한 물건과 필요하지 않은 물건, 필요한 이유와 필요하지 않은 이유에 대해 깊이 생각하고 기록했어요. 이 물건이 어떻게 내게 왔는지, 내 삶에서 어떤 가치가 있는 물건인지, 언제 마지막으로 사용했는지 등을 계속 물으면서요.

- 빔프로젝터: 나눔 받고 나서 딱 한 번 설치했다. 4년째 안 쓰니 정리해야지.
- 가방: 에코백과 가죽 가방 빼고 안 쓴다. 욕심부리지 말고 정리하자. 모시지 말고!
- 밀대 걸레: 있는 줄 모르고 하나 더 구매해버렸다. 어머님 갖다 드려야지.
- 텀블러: 자주 쓰는 텀블러 외에 그냥 예뻐서 샀거나 안 쓰는 건 나눔하거나 정리하자.
- Tea: 선물 받은 게 엄청 많은데 유통기한이 지났다.
- 삼각대: 자주 사용하진 않지만 용도에 따라 필요할 때가 있다. 버리지 않는 걸로!
- 디카: 오래전 모델이지만 남편의 첫 디카다. 일단 보관하자.

눈앞에 보이는 물건 이름만 써도 금세 종이 한 장이 꽉 차더라고요. 한 페이지 가득 적은 물건 중에서 진짜 필요한 물건은 거의 없었어요. 그간 없어도 되는 것, 있어도 잘 활용하지 못하고 있는 물건에 공간을 내어주고 있었다고 생각하니 어쩐지 허

무한 마음이 들더라고요. 긍정적인 변화는 요요 현상이 없었다는 거예요. 물건을 사기 전에 덜어낼 물건 리스트를 다시 한 번 읽어봤거든요. 구매하게 되면 또 비슷한 이유로 버릴 것 같아서 사지 않게 되었어요.

삶에서 덜어내야 할 물건을 적어보는 시간은 세 가지 깨달음을 주었습니다. 소유와 행복은 정비례하지 않는다는 것, 필요한 것들만으로도 충분히 풍요로운 삶을 살아갈 수 있다는 것, 물건을 정리한다는 건 나의 삶에서 중요한 것들에게 자리를 마련해 주는 일이라는 것.

정리란 단순히 물건을 버리는 게 아니라 내 삶에 정말 필요한 것이 무엇인지 고민하고 선택하는 과정이었습니다. 이를 몸소 느끼고 나니 요즘은 물건 하나를 살 때도 여러 번 고민하는 낯선 저의 모습을 만나곤 해요. 물론 문구류는 예외지만요(하하). 이제는 풍요로움의 의미를 재정의하고 삶에서 진짜 중요한 것에 시간을 내어주는 삶을 살고 싶습니다.

이렇게 써보세요

노트를 펴기 전 공간을 정리하며 정리가 필요한 물건들을 한 곳에 모아둡니다. 노트 페이지 왼쪽에는 물건의 이름을, 오른쪽에는 언제 구매했는지, 누가 줬는지, 언제 마지막으로 사용했는지, 3개월 이후에도 이 물건을 사용할 것인지 등을 찬찬히 적어보세요. 삶에서 덜어내야 할 물건으로 정해지면 형광펜이나 색연필로 표시한 후 과감하게 정리해봅니다.

삶에서 덜어내야 할 것들을 적어보며 세 가지를 깨달았다.
소유와 행복은 정비례하지 않는다는 것. 필요한 것들만으로도
충분히 풍요롭다는 것. 물건을 정리한다는 건 삶에서 진정
중요한 것에 자리를 내어주는 일이라는 것.

depth 02

투두리스트보다 중요한 'Why'

#데일리 로그

혹시 여러분도 다이어리에 적은 할 일들을 하루씩, 이틀씩 미루다가 결국 한 주가 지나도록 실천하지 못한 적이 있나요? 전 그런 경험이 너무 많아서 더 이상 다이어리를 펼치는 것조차 부담스러운 시절이 있었어요. 매주 투두리스트가 밀려 있는 걸 보면 제 부족함과 게으름의 민낯을 마주한 것 같아 괴롭더라고요. 그러던 어느 날, 카페에서 우연히 만난 네 살배기 아이가 제게 뜻밖의 깨달음을 주었습니다. 밖에 있는 나무를 보다가 엄마에게 묻더라고요.

"엄마, 왜 나무가 저렇게 커?"

"나무가 오래 자라서 그렇지."

"왜 오래 자라야 돼?"

"오래 자라야 나무가 튼튼해지고, 많은 사람이 그늘에서 쉴 수 있거든."

"왜 그늘에서 쉬어?"

"햇볕이 너무 뜨거울 때 그늘에 있으면 시원하니까."

"엄마, 저 강아지는 왜 저렇게 빨리 뛰어?"

"산책하면서 신이 나서 빨리 뛰는 거야."

"왜 신이 났어?"

"산책하면 기분이 좋아지잖아. 놀이터에서 노는 것처럼."

처음엔 그저 엄마와 아이가 나누는 몽글몽글한 대화로만 들렸어요. 도돌이표처럼 반복되는 아이의 질문에 진지하게 대답해주는 엄마의 모습도 인상적이었죠. 그러다 아이의 눈빛을 봤는데 문득 그런 생각이 들더라고요. '단순히 대답을 듣기 위한 질문이 아니구나. 세상의 작은 것 하나하나를 진심으로 알고 싶어하는 순수한 마음이구나.' 아이는 '왜?'라는 질문을 던지며 자신만의 방식으로 세상을 이해해가고 있던 거예요.

그날 밤, 저는 다이어리에 이런 내용을 썼습니다. "나는 얼마나 '왜?'라는 질문을 하며 살았을까? 내 목표와 할 일들을 정할 때, '왜?'라는 질문을 진지하게 해본 적이 있었나? 지금 미루고 있는 이 일들이 정말 내가 원하는 것이었을까, 혹시 남들의 기대 때문은 아니었을까? 다른 사람의 욕망을 나의 욕망이라고 착각한 것은 아닐까?"

지금까지는 할 일을 적고 미루고 자책하는 일만 반복했는데, 이제는 달라지고 싶었어요. '왜?'라는 질문으로 시작해보고 싶었습니다. 그래서 투두리스트를 쓸 때 다음 세 가지를 꼭 지키기로 했어요.

1. 데일리 로그에 쓰는 '할 일'은 나의 욕망에서 시작되는 것이어야 한다.

→ 이 질문은 내가 진정 원하는 일이 무엇인지 점검하는 데 중요한 첫 걸음이더라고요. 내가 왜 이 일을 하고 싶은지, 그 일이 나에게 어떤 의미가 있는지부터 파악합니다.

2. 지키지 못했다면 '왜' 지키지 못했는지를 묻는다.

→ 실천하지 못한 이유를 반성하며, 내가 왜 이 일을 하지 않았는지, 그 원인을 자세히 파악합니다. 단순히 변명하기보다는 근본적인 문제를 직시하도록 노력합니다.

3. 원인을 파악했으면 대안을 세우고, 그 대안이 왜 나에게 도움이 될지를 묻는다.

→ 대안과 대안의 적합성, 실천 방법을 고민합니다. 실천 후에는 반드시 되돌아보는 시간을 갖습니다. 이 과정에서 내가 한 행동의 의미를 되짚어보고, 개선점을 찾아봅니다.

이 과정을 꾸준히 반복하다 보니 문제의 본질을 이해하고 해결책을 찾기 위한 첫걸음은 바로 '왜?'라는 질문에서 시작된다는 걸 알게 되었습니다. 그래서 이제는 투두리스트를 실천하지 못했을 때, 그저 옮겨 쓰는 것이 아니라 '왜?'라는 질문을 꼭 던집니다. 할 일을 미루게 된 진짜 이유가 무엇인지 다시 생각하며, 그 일이 나의 진정한 목표와 연결되는지를 점검해요. 만약 내 목표와 잘 맞는다고 느껴지지 않으면 과감히 그 일을 하지 않기로 결정합니다.

한때 원고 쓰는 일을 자꾸 미루곤 했어요. '왜 미루지?'라고 스스로에게 물었더니, 잘하고 싶은 욕망 때문이란 걸 알게 되었죠. 글을 잘 써야 한다는 기준이 너무 높아서 다른 작가님들의 글과 제 글을 자꾸 비교하게 되고, 그러다 보니 부족해 보여서 글쓰기 자체를 회피하게 된 거였어요. 오랫동안 글을 써온 작가님들과 비교하는 것 자체가 의미 없는 일인데 말이에요.

글은 비교하면서 느는 게 아니라 일단 써야 느는 거잖아요. '왜'라는 질문을 던지니 '잘 쓰고 싶은 글'에 대한 욕심이 줄어들고 '일단 쓰고 수정하자'로 목표가 바뀌었어요. 지금 여러분이 읽고 있는 글도 제 목표를 이루기 위한 투두리스트를 실천한 결과입니다.

그날 카페에서 만난 네 살배기 아이처럼, 저는 매일 아침 투두리스트를 쓸 때마다 질문을 던집니다. 처음에는 어색했지만 하나씩 답을 찾아가다 보니 제 삶은 조금씩 달라지고 있어요. 여러분도 잠시 멈춰 서서, 지금 하고 있는 일들에 '왜?'라고 질문을 던져보면 어떨까요? 이 작은 질문이 여러분을 진정으로 원하는 방향으로 이끌어줄 거예요.

이렇게 써보세요

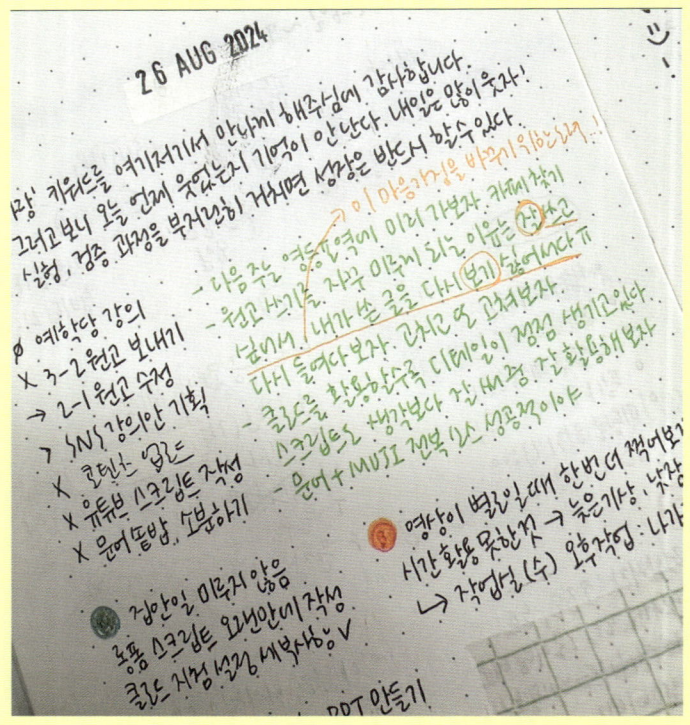

1. **계획 단계** 투두리스트의 각 항목에 '왜'라는 질문을 던져보세요. 이 일이 왜 중요한지, 나에게 어떤 의미가 있는지 생각해보세요.

2. **실행 단계** 할 일을 미루거나 실천하지 못했다면, '왜'라고 다시 물어보세요. 이유를 파악하고 그에 맞는 대안을 찾아 실천해보세요.

3. **점검 단계** 실천 후에는 '왜'라는 질문으로 할 일을 되짚어보며 나의 목표와 연결되는지 확인하세요.

잠시 멈춰 서서 '왜'라는 질문을 던져보자.
내가 진정 원하는 방향으로 나아갈 수 있도록.

번아웃이 오기 전에 알아야 하는 것

#나를 기분 좋게 하는 것들

저는 '시작' 앞에서 비교적 고민을 짧게 하는 편입니다. 하고 싶은 마음이 들면 미루지 않고 일단 해보거든요. 이렇게 시작 앞에서 늘 설레고, 하고 싶은 마음 덕분에 하루를 살아가는 사람인데요. 이런 제게도 아무것도 하고 싶지 않은 순간이 오더라고요. 몇 년 전 사랑하는 아빠가 돌아가셨을 때였어요.

'밥은 먹어서 뭐하나. 내일 죽을지도 모르는데.'
'일을 열심히 해서 뭐하나. 한 치 앞을 내다볼 수 없는 게 인생인데.'
'뭐하러 새로운 일을 시작하고 인생을 열심히 사나. 죽으면 어

차피 끝인데.'

아빠의 빈자리가 느껴지는 늦은 밤이면 이렇게 염세적이고 비관적인 생각이 물밀듯이 밀려왔어요. 상실의 슬픔이 지속되니 마음에 난 구멍이 점점 커지더라고요. 뭐든 일단 해보고 싶었던, 시작 앞에서 설렜던 예전의 전 사라지고 없었습니다. 하고 싶지 않은 게 아니라 할 엄두가 나지 않더라고요.

생계를 이어가야 하니 일은 해야 하는데 의욕이 없고, 의욕이 없으니 익숙한 업무마저 버겁게 느껴졌어요. 사람들과 어울리는 건 당연히 힘들었고요. 아무것도 못 할 것 같은 마음은 저 자신을 향한 책망으로까지 이어졌습니다.

결국 심리상담가였던 지인에게 고민을 털어놓았고 그에게서 '번아웃'이라는 단어를 들었어요. 상실감이 과도한 스트레스가 되고 에너지가 고갈되니 일과 일상의 만족도가 크게 떨어진 것 같다고요. 이런 상태가 오랜 시간 지속되면 우울증으로도 이어질 수 있고, 그러면 다른 사람은 물론이고 자기 자신에게도 부정적인 감정을 갖게 된다고 했습니다. 늦지 않게 자신을 돌볼 방법을 찾으라고 하더라고요.

마음의 구멍을 메우는 방법

그렇게 자신을 돌보라는 조언을 들었지만 뭘 어떻게 해야 할지 막막해서 일단 인터넷 검색창에 '번아웃 극복하는 방법'을 검색해봤습니다. 저 같은 사람이 많았는지 검색 결과가 엄청나게 많았는데요. 그중에서 공통적으로 추천하는 몇 가지 방법을 하나씩 시도해보기로 했어요.

첫 번째는 '푹 쉬어라'였는데요. 퇴근 후 저녁과 주말에 쉬어보기로 했어요. 그런데 쉰다는 게 굉장히 추상적인 개념이라 막상 하려니 어렵더라고요. 잠을 자면 시간이 아까웠고, 스마트폰을 들여다 볼 때면 저 자신에게 한심한 기분이 들었어요. 아마도 그때의 저는 쉰다는 것을 '생산적인 활동을 하지 않고 몸을 가만히 내버려두는 것'이라고 생각했었나 봐요.

두 번째는 산책을 하거나 가벼운 운동을 하라는 것이었는데요. 이건 의지의 영역이라 쉽지 않았습니다. 문밖으로 나가는 게 가장 큰 장벽이었거든요. 사실 이 방법은 마음이 건강했을 때도 어려웠어요. 두 번 시도해보고 바로 포기했습니다.

여행을 다녀오는 것도 추천 리스트에 있었지만 떠나지 못했어요. 태어나서 한 번도 여행을 혼자 가본 적이 없거든요. 출발하지도 않았는데 두려운 마음이 들더라고요. 영화 〈리틀 포레스트〉 속 주인공처럼 아무도 날 찾지 않는 시골에서 살아보고 싶은 로망도 있었는데 말이죠. 로망은 로망일 뿐, 로망을 실현할 용기는 두려움에 너무나도 쉽게 져버렸어요.

  병원에 다녀오는 게 어떻겠냐는 조언도 듣곤 했습니다. 요즘 시대에 정신건강의학과를 방문하거나 심리상담을 받는 건 감기로 치료받는 거랑 비슷한 거라며 편견을 갖지 말라는 말도 함께요. 무슨 배짱이었는진 모르겠지만 전 병원 치료나 심리상담을 받지 않고 이 상태를 이겨내고 싶었어요. '어디 누가 이기는지, 갈 데까지 가보자'라는 마음이었달까요.

  인터넷 창에서 긁어모은 방법을 차례로 실패하고 나서 막막함이 몰려오던 찰나였어요. 불현듯 책상 위에 널브러져 있는 문구류와 노트가 눈에 들어왔습니다. 번아웃을 이겨내겠다 다짐하며 발버둥질하던 시간 동안 제가 지속해온 일이 한 가지 있었더라고요. 바로 노트를 사고, 몇 장 끼적여보고, 스탬프를 찍고, 귀여운 스티커를 사서 모으는 일. 상상만 해도 마음이 몽글몽글해지는 일이었죠.

  나 자신을 돌볼 나만의 방법을 찾겠다며 한바탕 요란을 떨었는데 실은 이미 정답을 알고 있었던 거예요. 새삼 깨달은 사실에 헛웃음이 났다가 눈 깜짝할 순간에 마음의 구멍이 메워지는 기분이 들었습니다.

기록이란 곧 나를 존중하는 마음

마음에 드는 노트를 고르는 일은 지금 제 삶에서 흥미를 느끼는 키워드에 집중하는 일이었어요. 노트를 고를 때면 어떤 내용으로 빈 페이지를 채울 수 있을지 행복한 고민을 했습니다. 그때 그 시절의 관심사, 나의 마음 같은 것들이 노트 안에 차곡차곡 담겼어요. 마지막 장까지 채우지 못해도 괜찮았습니다. 나 자신에게 집중한다는 것, 그것만으로도 충분했으니까요.

기록에 필요한 도구를 고르는 일은 곧 나를 존중하는 마음이었어요. 나에게 딱 맞는 걸 찾고 싶어서 돈 아끼지 않고, 남 눈치 보지 않았던 일은 문구를 사는 행위가 유일했거든요. 마스킹 테이프나 스티커, 노트, 펜과 같은 작고 귀여운 문구를 사고 쓰는 일을 누군가는 무용하다고 할지도 모르겠어요. 하지만 제겐 삶의 원동력이었습니다. 그 어떤 방법으로도 벗어나기 어려웠던 번아웃을 극복하게 해줄 만큼이요.

지금 어두운 터널을 지나고 있는 사람들이 제게 번아웃 극복 방법을 묻는다면 먼저 자신과의 관계를 돌아보라고 말해주고 싶어요.

이유가 무엇이든 번아웃이나 우울증이 오면 의욕이 없고 괜히 부정적인 감정만 스멀스멀 올라오잖아요. 안 좋은 말을 계속

되뇌다 보면 자기 자신을 탓하게 되고요. 하지만 나라는 사람은 미워도, 보기 싫어도, 별로여도, 눈을 감아도, 눈을 떠도 그 어떤 상황에서도 함께할 수밖에 없는 존재입니다. 평소에 관계가 좋으면 오해가 생겼을 때 건강한 방법으로 풀어나갈 수 있는 것처럼, 내가 나와의 관계를 잘 맺어둬야 힘든 감정이 찾아왔을 때도 길을 잘 찾을 수 있더라고요.

예전에 TV 예능 프로그램 〈나 혼자 산다〉에서 가수 크러쉬가 번아웃에 대한 고민을 털어놨는데요. 그 자리에 있던 정신의학과 의사 선생님이 이런 이야기를 했어요. 아침에 일어날 때 내 기분을 정할 수는 없지만 기분이 좋아지게 하는 행동은 내가 선택할 수 있다고 말이에요.

나와의 관계를 건강하게 유지하려면 나를 알아가려는 노력을 꾸준히 해야 합니다. 내가 언제 기분이 좋아지고, 어떤 순간에 평온해지며, 어떤 환경에서 가장 나다워지는지 살펴보세요. 이런 작은 관찰과 이해가 쌓일 때 비로소 나를 있는 그대로 받아들일 수 있을 거예요.

무엇이든 좋으니 지금 바로 A4용지를 한 장 꺼내서 내 기분을 좋게 만드는 일들을 써보세요. 하얀 종이에 채워진 것들을, 나를 대접하는 마음으로 하나씩 해보는 거예요. 그럼 기분이 좋아질 거고, 기분이 좋아지면 나의 힘든 마음과 정면으로 마주할 수 있는 용기가 생겨날 거예요. 너무 익숙해서 미처 몰랐던 나의 작은 행복들. 어려운 시간 위를 걷고 있는 오늘의 나에게 줄 수 있는 가장 큰 선물일지도 모릅니다.

이렇게 써보세요

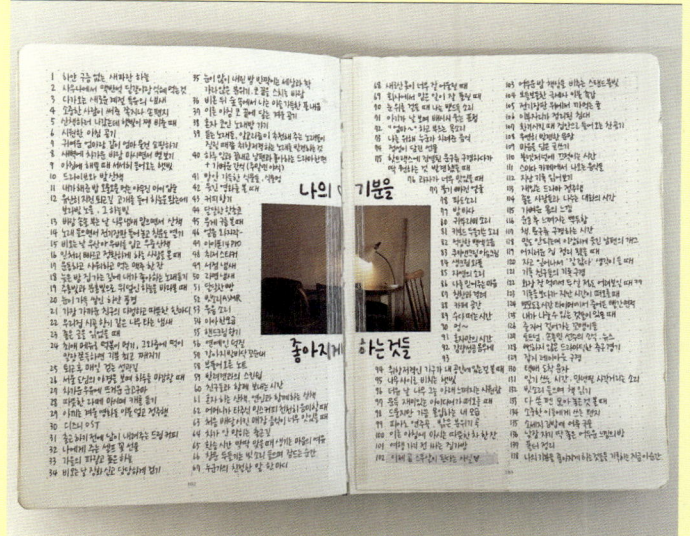

문구 이외에도 나의 기분을 좋아지게 하는 것들을 정리해보고 싶어 쓴 기록입니다. 이 리스트는 인스타그램에서 여러 친구들에게 물어본 내용을 함께 정리했어요. 지금 갖고 있는 다이어리나 수첩에 써도 좋고, 커다란 전지에 브레인스토밍 형식으로 자유롭게 적어도 좋아요. 번호를 붙여가며 쓰면 나중에 구분하기 쉽습니다. 눈으로 보이는 '손편지', '하늘'도 좋고, '냄새', '산책', '이제 곧 스무 살이 된다는 사실' 같은 무형의 것들을 적어도 됩니다. 복잡하게 생각하지 말고 생각나는 대로 편하게 모두 써보세요. 그중 실천할 수 있는 것이 있다면 데일리 로그나 루틴 트래커에 써두는 것도 방법이에요!

나와의 관계를 건강하게 유지하려면 나를 알아가려는 노력을
꾸준히 해야한다. 내가 언제 기분이 좋아지고, 어떤 순간에
평온해지며, 어떤 환경에서 가장 나다워지는지 살펴보자.

depth 04

100일의 기적

#영어 필사

작년 여름, 동네 도서관에 갔을 때의 일이에요. 어떤 분이 저의 이름을 부르며 다가오는데 순간 누군지 기억이 나질 않아 짧은 시간에 많은 생각을 했습니다.

'누군데 저렇게 밝게 웃으면서 다가오지? 어디서 봤던 사람이지? 혹시 나를 아는 사람이라고 착각한 거 아닐까?'

당황한 제 표정에 눈치를 챘는지 그분이 먼저 이렇게 말하더라고요.

"나야, 나. 살이 많이 빠져서 못 알아봤구나."

세상에, 그제야 생각났습니다. 3개월 전쯤 안부를 물었을 때 건강 검진 결과가 좋지 않아 다이어트를 하겠다고 했던 지인이었어요. 오랜만에 마주친 그녀는 제 기억 속의 모습과 완전히 다른 사람이 되었습니다. 날씬해진 몸매도 놀라웠지만 그보다 더 눈에 띈 것은 자신감이 넘치는 눈빛과 태도였어요. 비결이 무엇이냐고 물었더니 '100일의 기적'이라고 답하더군요. 100일 동안 건강한 습관을 지키기 위해 꾸준히 노력했다고요. 그날 저는 크게 자극받고 올해 세운 목표를 반드시 달성하리라 한 번 더 다짐했습니다.

하지만 큰 자극이 언제나 행동으로 이어지는 것은 아니잖아요. 또 잠시 잊고 지냈어요. 그렇게 여름이 가고 가을이 왔습니다. 높아진 하늘, 색이 변하는 나뭇잎을 보고 있자니 괜히 싱숭생숭해지면서 올해가 얼마 남지 않았다는 생각에 우울해지더라고요. '시간이 또 벌써 이렇게 지났구나. 올해 세웠던 목표와 계획은 늘 그랬듯 지키지 못한 게 더 많구나. 난 왜 이렇게 늘 마음만 앞서는 걸까.'

후회와 아쉬움이 한가득 묻어나는 달력을 보다가 문득 올해 남은 시간이 얼마나 되는지 궁금해졌어요. 바로 날짜를 세어보니 열흘 뒤면 9월 23일, 새해를 앞두고 딱 100일 남은 시점이더라고요. 후회만 하다 연말을 맞이할 게 아니라 100일 동안 뭐라도 해보고 싶었어요. 영어 필사를 하기로 결심했습니다. 영어 공부는 다이어트와 함께 저의 평생 숙제였거든요. 마침 필사 교재의 제목도 '영어 필사 100일의 기적'이었어요. 혼자 하면 하다 말 것 같아서 필사를 좋아하는 친구들, 저처럼 올해 남은 100일 동안 뭔가에 도전해보고 싶었던 친구들과 함께 했는데요. 결과적으로 저는 그해 100일 동안 영어 필사로 노트 한 권을 빼곡하게 채웠습니다.

주변 사람들이 많이 묻더라고요. 100일 동안 영어 필사를 해서 영어 실력이 늘었냐고, 기적이 일어났냐고요. 영어 실력이 극적으로 향상된 것은 아니지만 100일이라는 시간을 보내며 깨달은 게 있었습니다.

지속의 힘

'천 리 길도 한 걸음부터'라는 속담이 있잖아요. 아무리 위대하고 대단한 일도 한 걸음부터가 시작이더라고요. 100일간의 시간 동안 노트 한 권을 필사로 채울 수 있었던 건 하루에 한 장씩 채워나갔기 때문이에요. 매일, 조금씩, 꾸준히 하는 것의 중요성을 이때 깨달았습니다. 큰 성과는 작은 노력들이 모여 이뤄진다는 새삼스러운 사실을 몸과 마음에 새기는 시간이었어요.

진짜 효율의 의미

디지털 시대에 손글씨를 쓰는 게 비효율적으로 보일지도 모르겠어요. 특히 필사는 더더욱이요. 하지만 하루 한 번 필사하는 시간은 저를 돌보는 귀중한 순간이었습니다. 디지털로 할 수 있는 것들을 잠시 뒤로하고 손으로 쓴 나와의 대화가 100일이란 시간 동안 쌓였어요. 진짜 효율은 내가 중요하다고 여기는 것에 시간과 에너지를 쏟는 게 아닐까요?

100일의 가치

영어 필사 모임에 참여했던 친구들과 마지막에 소감을 나눌 때 공통으로 했던 이야기가 있어요. 바로 '100일은 결코 짧은 시간이 아니라는 것'. 1년은 365일이고, 그러면 100일 단위로 나만의 프로젝트를 해낼 시간이 1년에 최소 세 번은 있다는 거잖아요. 단위를 더 잘게 쪼개면 더 많은 기회가 생기는 거고요. 의미 있는 목표를 달성하기에 충분한 시간이더라고요.

100일 동안 한 가지를 꾸준히 한다는 것은 결코 쉬운 일이 아니에요. 저도 100일 동안 필사를 하면서 종종 고비를 겪었거든요. 초반의 열정이 식으면서 의욕을 잃기도 했고, 일상이 바쁘다 보니 매일 일정한 것에 시간을 투자한다는 것이 어렵게 느껴졌어요. 같은 일을 계속 반복하는 게 지루하게 느껴질 때도 있었고요. 변화가 안 느껴지면 어떡하나, 100일 뒤 결과에 대한 걱정도 있었죠. 갑작스러운 일정 변경으로 계획에 차질이 생겨 스트레스를 받기도 했고요. 그렇게 어려움을 마주할 때마다 이 문장을 계속 떠올렸어요.

인생은 목적지가 아니라 여정이다.
_랄프 왈도 에머슨

우리의 삶은 단순히 특정한 목표를 달성하는 것으로 끝나는 게 아니잖아요. 그 과정에서 겪는 경험과 깨달음, 성장하는 것이 더욱 중요하니까요. 목표로 나아가는 과정에서 자신을 발견하고 삶의 의미를 찾는 일, 어려움이 닥쳤을 때 나름의 대안을 찾고 시도해보는 일, 저는 그게 더 중요하다고 생각했어요.

그래서 의욕이 상실될 땐 잠시 쉬었고, 시간 투자가 어렵게 느껴질 땐 매일 하던 일 한 가지를 줄이고 같은 시간에 영어 필사를 했어요. 지루하게 느껴질 땐 필사하는 장소를 바꿔보거나 예쁜 문구를 구매해서 노트 꾸미기도 해봤고요. 영어 실력이 늘고 있는지에 대한 걱정은 필사하면서 저절로 줄어들더라고요. 행동하는 순간부터 걱정은 자연스레 사라졌습니다.

우리는 종종 극적인 변화나 거대한 성과만을 '기적'이라고 생각하곤 해요. 하지만 100일 동안 해보니 알겠더라고요. 진정한 기적은 갑자기 한 순간에 일어나는 것이 아니라 매일의 과정이 모여 만들어진 결과라는 것을요.

저는 100일 동안 영어 필사를 해보면서 꾸준히 무언가를 해본 경험치를 쌓았고, 100일 동안 좋은 습관을 지속하기 위해 노력했습니다. 이 과정을 통해 뭐든 할 수 있을 것 같은 자신감을 얻었고 작은 진전을 경험하며 제 안에 긍정적인 마인드셋이 자리 잡는 걸 느꼈고요. 이렇게 여러 가지 경험과 깨달음의 레이어를 켜켜이 쌓아 더 나은 버전의 나로 성장한 것, 이게 진정한 의미의 기적 아닐까요?

write 21

이렇게 써보세요

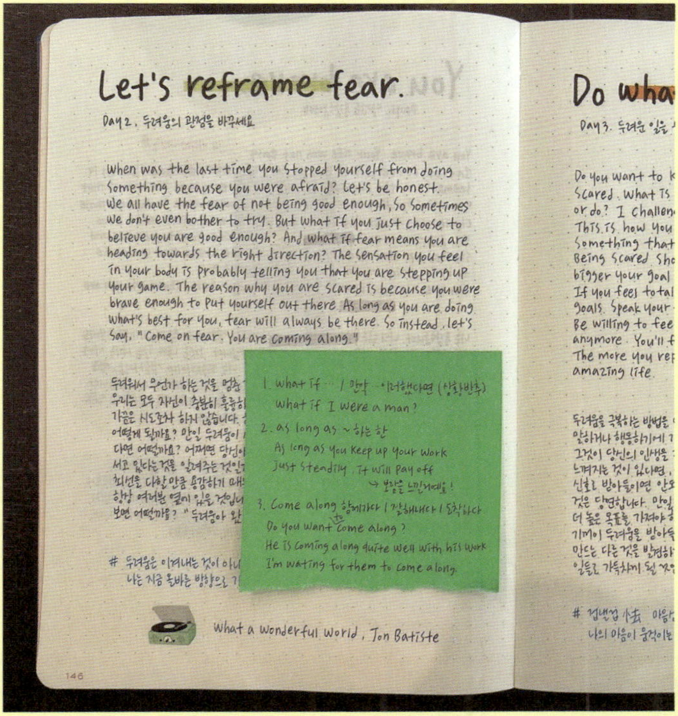

1. 취향에 맞는 노트를 준비해주세요. 글씨를 바르게 쓰는 것에 자신이 없다면 줄이나 칸이 있는 노트를, 자유로운 양식으로 쓰고 싶다면 무지 노트나 작은 수첩을 준비해도 좋습니다.

2. 영어 문장은 시중에 나와 있는 필사 교재를 참고하거나 인터넷에서 '영어 명언', '팝송' 등을 검색하면 많은 문장이 나옵니다. 저는 하루 분량으로 필사할 내용이 있는 영어 교재를 사용했어요.

3. 해외 드라마나 영화를 보다가 마음에 드는 대사를 적어보는 것도 좋습니다. 요즘은 대본도 쉽게 구할 수 있어서 필사 교재로도 많이 쓰더라고요. 문장을 다 적은 후에는 드라마 주인공처럼 읽어보는 시간도 가져보세요.

4. 기억하고 싶은 단어나 구절은 형광펜으로 표시한 뒤 나중에 다시 한 번 보면 기억에 훨씬 오래 남는답니다. 모르는 단어나 문법은 따로 정리해두면 좋습니다.

100일의 시간이 알려주었다.
기적은 갑자기 일어나는 것이 아니라
매일의 작은 과정이 모여 만들어진다는 것을.
'더 나은 버전의 내가 되는 것.'
이게 진정한 의미의 기적이 아닐까?

depth
05

기록을 돌아봐야 하는 이유

#월간 성찰

어느 날 문득, 삶이 제자리걸음을 하고 있다는 생각이 들었습니다. 매일 똑같은 일상을 반복하다 보니 지루함이 느껴졌고 이렇게 사는 게 맞나 싶었죠. 새해에 세웠던 목표를 돌아보니 달성한 것이 거의 없었습니다. 결심은 늘 비슷했고, 개선하고 싶었던 습관도 여전히 그대로였으니까요.

무심코 다이어리 앞 장부터 펼쳐보다가 깨달았습니다. 기록은 열심히 하고 있었지만 그 기록을 돌아보는 일은 게을리하고 있었다는 것을요. 당시 저는 매일 노트의 빈칸을 빼곡하게 채울 만큼 부지런히 기록하고 있었거든요. 할 일, 한 일, 감사한 일, 아이디어, 식단, 날씨, 만난 사람, 기분과 감정까지 다 썼어요. 네,

맞아요. 저는 말 그대로 노트를 채우는 행위에 취해 있었어요. 그 기록들이 제게 어떤 의미인지, 어떤 가치가 있는지 돌아보진 않았던 거예요. 그래서 일주일 단위로 기록을 돌아보기로 결심했습니다.

성찰의 힘

3년 전부터 최근까지 일주일 단위, 월간 단위로 기록을 돌아보는 시간을 꾸준히 가졌는데요. 과거의 저와 지금의 저를 비교하면 정말 많은 것이 달라졌더라고요.

첫째, 자기 이해의 깊이가 달라졌습니다. 매일의 제 감정과 생각들이 어떻게 변화하는지, 어떤 패턴을 보이는지 알게 되었어요. 예를 들어 일주일에 사람 만나는 약속을 두 개 이상 잡으면 다른 요일 일정에 부정적인 영향을 미친다는 걸 발견했습니다. 사람을 만나 에너지를 얻는 것도 행복한 일이지만, 혼자만의 시간이 충족되지 않으니 해야 할 일을 미루거나 늘어지는 시간이 점점 길어지더라고요.

이런 패턴을 알게 된 후, 한 주를 계획할 때면 약속 시간과 개인의 시간을 적절히 분배하려고 노력하고 있습니다. 화요일에 친구를 만났다면 수요일은 온전히 혼자만의 시간을 가지려고 해요. 이렇게 균형을 맞추니 만남의 질도 더 좋아졌고, 일상의 리듬도 안정되었어요.

둘째, 성장의 증거를 발견할 수 있었습니다. 몇 달 전 고민했던 문제들이 지금은 어떻게 해결되었는지, 그때 세웠던 목표를 얼마나 이뤘는지 확인할 수 있더라고요. 3개월 전 기록을 보니 '의자에 앉을 때 자세 의식하기'라는 목표가 있었어요. 허리 통증으로 고생하던 제게 꼭 필요한 습관이었거든요. 처음엔 의식적으로 노력해야 했지만 꾸준히 기록하고 점검하면서 조금씩 개선해나갔습니다. 한 달 후엔 '30분마다 자세 체크하기', 두 달 후엔 '허리 스트레칭 추가하기' 등 목표를 조금씩 발전시켰죠.

그러다 보니 바른 자세를 체크하는 게 습관이 되었습니다. 지금은 허리 통증도 줄고 전반적인 건강도 좋아졌어요. 작은 습관 하나가 이렇게 큰 변화를 만들어냈다는 게 놀랍습니다. 기록을 통해 과거의 고민이 해결되어가는 과정을 지켜보는 것이 뿌듯해요. 그때의 제게 '잘했어!'라고 말해주고 싶을 만큼이요.

셋째, 문제 해결의 실마리를 찾았습니다. 과거의 기록을 돌아보다 보니 힌트를 얻을 수 있었어요. 새로운 프로젝트를 시작할 때면 초반에 의욕이 넘치다가 중간에 슬럼프가 오는 패턴을 발견했거든요. 기록을 자세히 들여다보니, 제가 프로젝트 초기에는 큰 그림만 그리고 세부 계획 없이 시작하는 경향이 있더라고요. 그러다 보니 중간에 막히는 일이 생기면 쉽게 좌절하고 의욕을 잃었던 거예요. 이런 패턴을 인식한 후, 새 프로젝트를 시작할 때면 각각의 작은 단계로 나눠 구체적인 계획을 세우는 습관을 들였어요. 각 단계에 체크 포인트를 만들고 진행 상황을 꾸준히 기록했죠.

어려움이 생길 때마다 이전의 기록을 참고해 해결 방법을 찾았고, 매일 이룬 작은 성취를 확인하며 동기부여를 했어요. 결과적으로 프로젝트 완성률이 크게 올랐습니다. 중간에 슬럼프가 와도 비교적 금방 극복할 수 있게 되었고 일의 효율성도 좋아졌어요.

넷째, 감사함을 재발견하게 되었어요. 우연히 읽게 된 지난 일기에 이런 내용이 있더라고요.

오늘 아침 일찍 일어나 동네 공원을 산책했다. 가을 하늘이 어찌나 아름다운지. 선선하게 부는 바람 덕분에 행복해졌다. 행복이 참 별것 아니구나 싶었던 오늘, 매일 보던 공원 풍경인데도 오늘따라 특별하게 느껴졌다. 하늘을 보고, 바람을 느끼고, 자연을 누릴 수 있는 건 당연한 게 아니라 감사할 일이구나.

이 기록을 읽다 보니 그때의 감동이 다시 떠올랐어요. 일상에 파묻혀 살다 보면 주변의 아름다움을 놓치기 쉬운데, 봄의 꽃, 여름의 신록, 가을의 단풍, 겨울의 눈 등 계절마다 자연이 선사하는 아름다움에 새삼 감사하단 생각이 들던 날이었거든요. 일상의 소소한 감사를 기록하고, 뜻밖의 순간에 감사를 발견하게 될 때 삶은 한층 더 풍요로워지는 것 같아요.

다섯째, 아이디어 보물 창고가 생겼어요. 흩어져 있던 과거의 기록이 새로운 아이디어가 되는 과정을 종종 경험하고 있습니다. 다카다 히카루의 《쓰지 않으면 아이디어는 사라진다》에 이런 문장이 있어요.

그러므로 우선은 평소에 소재가 될 만한 아이디어 조각을 모아두는 게 중요합니다. 이 아이디어 조각이 많을수록 나중에 그것들이 서로 여러 가지 조합으로 결합하면서 쓸 만한 아이디어로 탄생하게 되니까요.
-다카다 히카루, 《쓰지 않으면 아이디어는 사라진다》

노트 귀퉁이에 짧게 적어두었던 메모들이 숙성되고 발효돼서 생각지 못한 아이디어로 연결되는 경험을 하면서 기록의 가치가 새롭게 다가왔어요. 기록은 단순히 지나간 일을 남기는 게 아니라 미래의 영감을 위한 씨앗을 뿌리는 일이었죠. 그래서 이제는 일상의 작은 관찰, 문득 스치는 생각을 더욱 소중히 기록합니다. 언제 어디선가 빛을 볼 날이 있으리란 기대를 듬뿍 담아서요.

기록을 돌아보는 일은 솔직히 귀찮습니다. 지난 일들을 굳이 다시 들춰봐야 하나 싶기도 하고요. 그래도 이 귀찮은 일을 꼭 해보시길 추천합니다. 시간이 지나면서 기록은 예상치 못한 새로운 의미를 갖게 되거든요. 몇 달 전의 고민이 지금은 별것 아닌 일이 되어 있는 걸 보며 웃기도 하고, 그때는 미처 알지 못했던 내 안의 새로운 면모를 발견하게 되기도 하고요. 귀찮음을 이겨내는 순간을 자주 마주할수록, 나를 더 깊이 이해하는 열쇠를 손에 쥐게 될 거예요.

이렇게 써보세요

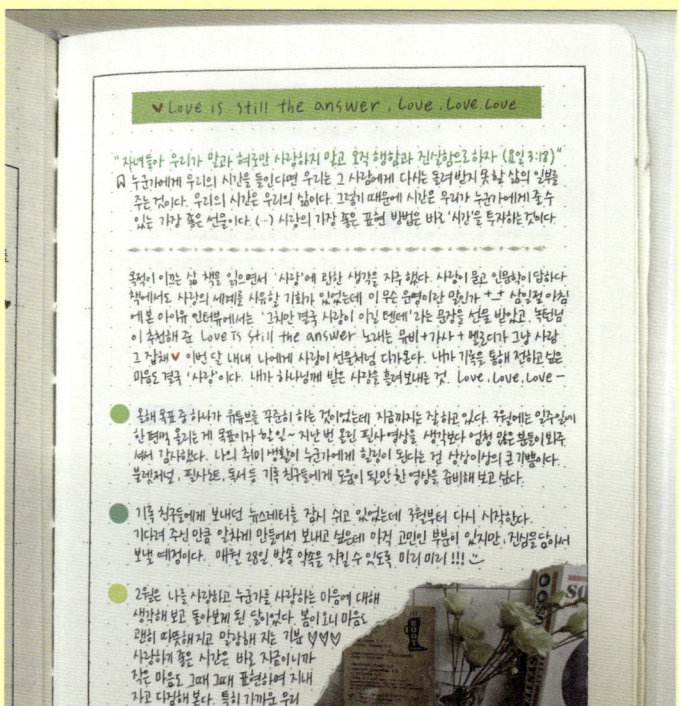

저는 주간, 월간 단위로 기록을 돌아봅니다. 기록 내용을 살펴보며 상황이나 사건에서 깨달은 점, 사람을 만나며 한 생각이나 배운 점 등을 정리해요. 성찰의 시간이 아직 낯설다면 키워드에 따른 생각을 적어보세요. '건강, 소비, 관계, 일'처럼요. 성찰이라는 단어를 한자로 찾아보면 '살필 성(省)'+'살필 찰(察)'이라는 글자로 이루어져 있어요. 나의 순간, 나의 하루를 두루두루 살피면서 나의 정원을 가꾸는 시간을 가져보세요.

기록은 미래의 영감을 위해 씨앗을 뿌리는 일이다.

꿈을 현실로 만드는 방법

#미래 일기

스무 살 때부터 매년 다이어리에 써두었던 꿈이 있는데요. 바로 '국토대장정 완주하기'입니다. 한계를 넘어서는 경험, 성취감, 다이어트 효과까지 1석 3조일 것 같아서 언젠가 꼭 도전해보고 싶더라고요. 마침 첫 직장에서 퇴사하고 갭 이어(gap year, 학업이나 직장 생활을 잠시 중단하고 여행이나 봉사 활동을 하며 자아를 성찰하고 진로를 탐색하는 시간)를 가질 수 있었고, 이때가 아니면 평생 못할 것 같아서 덜컥 신청을 해버렸어요. 막상 결제하고 나니까 걱정이 밀려오는 거 있죠. '23박 24일 동안 하루도 쉬지 않고 걸을 수 있을까? 목포에서 임진각까지 400킬로미터가 넘는데 과연 완주할 수 있을까? 중간에 포기하고 싶으면 어떡하지?'

미래의 나를 상상하며

새로운 일을 시도하려고 할 때 설렘과 두려움은 한 세트의 감정이잖아요. 전 그럴 때 먼저 그 길을 걸어본 사람의 책을 찾아 읽곤 해요. 한비야 님의 《바람의 딸, 우리 땅에 서다》도 그런 이유로 만난 책이었는데요. 땅끝마을에서 시작해 통일전망대까지, 800킬로미터를 49일 동안 걸은 국토종단 이야기가 담겨 있어요. 국토대장정을 떠나려는 제게 딱 필요한 책이었죠. 책을 읽는 동안 막막하게만 느껴졌던 23박 24일의 여정이 조금씩 상상이 되기 시작하더라고요. 24일차에 임진각에 도착하면 어떤 감정이 들지 궁금하기도 했고요.

이렇게 미래를 상상하다 보니 문득 '미래 일기'라는 걸 써보고 싶어졌어요. 여러 자기계발 서적의 저자와 동기부여 강사들이 "아직 일어나지 않은 미래를 마치 현재인 것처럼 상상하며 일기를 쓰면 꿈이 이뤄질 확률이 높다"라고 언급했던 게 생각났거든요.

저의 오랜 꿈이었던 국토대장정을 결심하며 목표는 딱 하나였어요. 중간에 포기하지 않는 것. 그래서 국토대장정을 떠나는 과정을 마치 한 편의 영화라고 생각하고, 도중에 만나는 온갖 역경을 극복하고 임진각에 도착하는 주인공을 상상하며 미래 일기를 써보기로 했습니다. 그대로 되든 안 되든 밑져야 본전 아니겠어요? 그대로 이뤄지면 너무 행복할 테고, 설사 이뤄지지 않는다고 해도 어느 정도는 그 상상에 가까워질 테니 말이에요.

2012년 7월 28일 토요일

국토대장정 23박 24일의 여정이 끝났다. 목포에서 시작해 임진각까지, 400킬로미터가 넘는 길을 걸어왔다. 발바닥은 물집투성이고 다리는 천근만근이지만 가슴은 뜨거운 감동으로 가득하다. 결론부터 말하자면 길에서 답을 찾고 싶다는 공통점이 있었던 우리 조 멤버들 덕분에 중간중간 포기하고 싶었던 순간을 이겨낼 수 있었다.

첫날이 생각난다. 필요한 물건만 챙겼다고 생각했는데 오래 걸으니 가방이 어깨를 짓눌러 손가락, 발가락이 퉁퉁 부었다. 이것도 저것도 필요하다고 생각하는 게 나의 욕심이었음을 깨달은 순간이었다. 비가 내려 체육관에서 자던 날도 떠오른다. 땀 냄새에 비를 맞아 꿉꿉한 냄새까지 더해져 난리도 아니었다. 일상에서라면 말도 안 되는 상황이 여기서는 '그럴 수도 있지'가 되는 게 참 신기했다. 평소엔 잘 먹지도 않는 포카리스웨트는 왜 이렇게 맛있담.

길을 걸으며 나눈 대화도 기억에 남는다. 개인적인 문제라 나만 끌어안고 사는 고민인 줄 알았는데 다들 비슷한 걱정을 하며 살아가는 것 같아 위안이 됐다. 성장하고 싶은 마음, 꿈을 찾고 싶은 소망, 현실적인 문제들까지 허심탄회하게 나눴는데 가수 god의 〈길〉 노래가 생각났다.

나는 왜 이 길에 서 있나
이게 정말 나의 길인가
이 길의 끝에서 내 꿈은 이뤄질까

제가 썼던 미래 일기의 일부입니다. 그리고 국토대장정의 마지막 날인 7월 28일, 정말 깜짝 놀랐어요. 미래 일기에 적은 대부분의 일이 실제로 일어났거든요. 중간에 집에 가고 싶었지만 그동안의 여정을 함께한 조원들 덕분에 끝까지 걸을 수 있었습니다. 생수가 아닌 포카리스웨트를 먹을 수 있는 날이면 세상을 다 가진 것처럼 행복했고, 땡볕을 걷다가 나무 그늘에서 쉬는 시간은 그야말로 천국이었죠. 길 위에서 미래에 대한 불안함을 나눌 땐 너도나도 공감하고 위로하며 서로를 응원했어요. god의 〈길〉을 부르며 걷기도 했고요.

시간이 꽤 흘렀지만 여전히 국토대장정 완주의 꿈을 이룰 수 있었던 건 미래 일기 덕분이라고 생각해요. 막연했던 생각을 구체적으로 상상하며 기록한 경험이 현실과 가까워질 수 있다는 걸 알게 해준 고마운 경험이었죠. 그 후로 간절한 꿈이 생기거나 이루고 싶은 목표가 생길 때마다 미래 일기를 쓰는 습관이 생겼어요.

미래 일기를 쓰면 때로는 그대로 이뤄지기도 하고, 때로는 그 이상으로 이뤄지기도 해요. 물론 이뤄지지 않을 때도 있지만 일기를 쓰는 그 순간만큼은 가슴이 두근거리고 무엇이든 시작할 수 있는 용기가 생깁니다. 아직 피어나지 않은 내 안의 잠재력을 믿어보고 싶어지고, 아직 일어나지 않은 일에 감사한 마음도 들어요. 그러니 쓰지 않을 수가 없죠.

가끔은 '내가 이런 꿈을 꿔도 될까?' 하는 의심이 들 때도 있어요. 너무 허무맹랑한 꿈이 아닐까 주저하기도 하고요. 하지만 어느 순간 깨달았어요. 꿈을 향해 나아가는 과정에서 내가 성장할 수 있다는 믿음을 가지고 써야 한다는 것을요. 지금 당장은 부족해보일지라도, 나는 그 꿈을 이루기 위해 노력할 것이고 느리더라도 한 걸음씩 나아갈 거라는 믿음을 가지고 쓰는 거예요.

결국은 해낼 거라는 믿음

여러분도 한번 시도해보세요. 5년 후, 10년 후의 자신에게 편지를 써보는 것도 좋고, 이루고 싶은 목표를 이미 이룬 것처럼 일기를 써보는 것도 좋아요. 처음엔 어색할 수 있어요. 하지만 점점 익숙해질 거예요. 상상하며 꿈을 적어 내려가는 그 시간이 기다려질 겁니다. 더 긍정적이고 도전적인 사람이 될 거예요. 도저히 불가능해 보이는 일도 '어떻게 하면 가능할까?'라고 생각하게 될 거고요.

미래 일기를 쓸 때는 먼저 감정에 충실하게 써보세요. 기쁨, 설렘, 두려움 등 모든 감정을 솔직하게 표현해보는 거예요. 또 어려움에 부딪혔을 때 그것을 어떻게 극복할지 상상해서 써보는 것도 좋습니다. 나중에 실제로 어려움에 부딪혔을 때 대처 방법에 대한 힌트를 얻을 수도 있거든요. 그리고 날짜, 시간, 장소, 함께 있는 사람들, 주변 환경 등을 세세하게 묘사할수록 그 순간이 더 생생하게 다가올 겁니다. 구체적으로 상상하고 써내려가다 보면, 꿈이 조금 더 현실에 가까워지는 느낌을 받을 수 있을 거예요.

지금 제가 이 글을 쓰고 있는 순간은 과거에 썼던 저의 미래 일기에 나온 한 장면이기도 합니다. 꿈의 목록에 '작가 되기'도 있었거든요. 그때의 저는 이렇게 글을 쓰고 있는 지금의 제 모습을 상상하며 설렜을 거예요. '과연 내가 책을 쓸 수 있을까?' 자신을 의심하던 순간도 있었을 거고요. 결론은 수많은 감정 속에서도 꿋꿋이, 설레는 마음으로 미래 일기를 썼다는 겁니다. 세월이 흘러 여러분은 제 꿈이 이뤄지는 과정을 보고 계신 거고요.

지금 바로 펜을 들고 여러분의 꿈을 써보세요. 꿈이 현실이 되는 순간을 기대하면서요. 미래 일기를 쓰다 보면 한비야 님의 이 말의 의미를 몸소 느끼실 거예요.

한 걸음 한 걸음 걷고 걸어서 마침내 목적지에 도착했을 때의 기분은 어떨까. 이건 직접 해본 사람만이 알 수 있는 것이다.
_한비야, 《바람의 딸, 우리 땅에 서다》

이렇게 써보세요

가장 먼저 쓰고 싶은 주제를 정합니다. 예를 들어 '혼자 여행 가기'나 '원하는 회사 입사하기' 등 하고 싶은 일이나 꿈을 떠올려보세요. 그다음엔 그 일이 일어나는 상황을 구체적으로 상상합니다. 날짜, 시간, 장소, 주변 환경 등을 떠올리며 지금 눈앞에서 일어나는 것처럼 자세히 써보세요. 그 순간 느끼는 감정도 솔직하게 적어봅니다. 설렘, 두려움, 기대감 같은 감정을 추가해보세요.

내가 어떤 감정을 느낄지 상상하면서 마치 지금 그 순간을 살고 있는 것처럼 표현하는 게 중요해요. 그 상황에서 부딪힐 수 있는 어려움을 예상해보고 이를 어떻게 극복할지도 생각해보세요. 핵심은 현재의 순간처럼 생생하게 쓰는 거예요.

미래 일기를 쓴다는것은 아직 피어나지 않은 내안의 잠재력을 믿는 일.
꿈을 향해 나아가는 과정에서 성장할 나를 그리는 일.

어른도 오답 노트가 필요합니다

#실패 노트

최근에 TV 예능 프로그램 〈티처스〉를 정주행했습니다. 공부와 성적이 고민인 중·고등학생에게 최고의 강사진이 직접 코칭하면서 성적을 올려주는 과정을 보여주는 예능 프로그램인데요. 아주 흥미진진하고 배울 점이 많았습니다. 얼마 전 본 회차에는 요즘 아이들이 사고력을 요하는 수학 문제를 쉽게 포기하는 이유에 대해서 나왔는데요. 공식을 외우거나 풀이하는 방법만 습득하고 생각하는 훈련이 안 되어 있어서라고 하더라고요.

그러다 강사 중 한 분이 "고민하고 생각하는 연습이 많이 필요하다"라고 하시면서 오답 노트의 중요성을 이야기했어요. 오답 노트는 단순히 틀린 문제를 적는 게 아니라 왜 틀렸는지, 어떻게 풀어야 했는지 꼼꼼히 분석하는 게 핵심이라고요. 그리고 이 작업을 꾸준히 하다 보면 실수 패턴을 파악하고 같은 실수를 반복하지 않도록 준비할 수 있을 거라고요.

용기 내어 실패와 마주하기

이 이야기를 들으며 제 학창 시절이 떠올랐습니다. 많은 선생님이 오답 노트를 쓰라고 권했는데 솔직히 저는 한 번도 제대로 써본 적이 없어요. 문제를 풀기도 어려운데 오답 노트까지 쓰라뇨. 당시엔 그게 또 하나의 숙제 같아서 부담이 되었어요. 오답 노트를 쓴다고 점수가 크게 달라지나 싶기도 했고요. 더 솔직히 얘기하자면 틀린 문제를 쓰고, 분석하고, 다시 풀어보는 과정이 가장 싫었던 것 같아요. 안 그래도 틀린 문제 때문에 괴로운데 다시 쓰고 분석하는 과정에서 제 실수나 부족함을 마주하며 좌절감을 느낄 것 같았거든요.

학창 시절에는 시험 문제를 풀었다면, 사회생활을 시작하면서부터는 인생의 문제를 본격적으로 풀게 되었어요. 여러 상황을 만났고, 수많은 일을 겪었고, 다양한 인간관계를 맺어나갔습니다. 학교에서 틀렸던 시험 문제처럼 실수나 실패라고 부를 일이 아주 많았는데요. 자다가도 이불 킥하며 몸부림칠 일들을 떠올리면 지금 생각해도 얼굴이 화끈거립니다.

하지만 그 시절을 지나온 지금도, 앞으로도 실수와 실패를 경험할 일은 자주 있을 거예요. 나이가 든다고 인생을 완벽하게 살 수 있는 건 아니니까요. 다만 달라진 게 있다면 그런 상황을 회피하기 바빴던 과거의 저에게서 벗어나 실수나 실패를 정면으로 마주하는 날이 늘었다는 거예요.

벤저민 프랭클린은 '모든 사람은 실수를 한다'고 말했어요. 실수를 웃어넘기고 다음번에도 계속 최선을 다하려 노력한다면 사람들은 그것을 존중한다고요. 이 말에서 용기를 얻었습니다. 실수나 실패를 돌아보는 과정이 쉽지는 않겠지만, 회피하지 않고 정면으로 마주하면 분명 배우는 게 있을 테고 지금보다 더 나은 내가 될 수 있겠다고 생각했죠. 어떤 책에서 읽었는데, 부족함을 피하지 않고 마주하는 힘을 기르면 마음의 근력이 길러지고 회복탄력성도 좋아진다고 하더라고요.

인생의 오답 노트를 쓰는 법

좌절감을 느껴 더 우울해질까 봐 쓰지 못했던 오답 노트를 어른이 되어서 쓰고 있습니다. '실수, 실패 노트'라는 이름의 노트에 일, 건강, 인간관계, 재정 등 삶의 다양한 영역에서 실수했거나 실패라고 여겨지는 순간과 반성, 배움의 과정을 기록하고 있어요.

오답 노트에 틀린 문제와 원인, 개선 방법을 분석하듯이 '실수, 실패 노트'도 비슷한 구조로 쓰고 있습니다. 학생들의 오답 노트를 보면 상단에 날짜와 문제 유형을 쓰잖아요. 하단 왼쪽에는 틀린 문제를 붙이고 오른쪽에는 틀린 이유와 어떻게 풀면 좋을지 쓰고요. 실수, 실패 노트도 그와 비슷하게 작성합니다.

저는 하루에 두 페이지를 쓸 수 있는 노트를 사용하는데요. 왼쪽에는 날짜와 함께 실수나 실패라고 여겨지는 일의 구체적인 상황을 적어요. 오른쪽 페이지에는 왜 이런 상황이 되었는지 나름의 분석을 합니다. 문제를 살펴볼 땐 다양한 관점에서 보려고 노력해요.

[왼쪽 페이지]
20△△년 △△월 △△일, 강의 준비

오늘은 기록 친구들에게 불렛 저널 강의를 하는 날이다. 강의 PPT부터 준비물까지 꼼꼼하게 체크하고 갔는데 웬걸, 강의장에 있는 모니터 화면과 맥북을 연결하는 HDMI 케이블을 안 가져갔다. 분명 강의장 관리 스태프가 사전에 전달해주었음에도 불구하고 빠트린 거다. 급하게 강의장에 있는 노트북으로 연결하려고 했으나 노트북의 전원이 들어오질 않았다. 강의 시간은 다가오는데 너무 초조하고 머리가 하얘졌다.

어떻게 해야 할지 막막해서 급하게 알파 문구라도 다녀올까 싶던 순간, 내 모습을 본 직원분이 "오늘 저녁에 중고 거래를 하려고 가지고 온 케이블이 있는데 빌려드릴까요?"라고 말했다. 아, 이분 아니었으면 오늘 어떻게 됐을까? 너무 끔찍하다. 다행히 연결이 잘 되었고, 강의도 무사히 끝났다.

[오른쪽 페이지]

문제

① 체크리스트 관리 소홀: 준비물 목록을 꼼꼼히 작성하지 않음

② 주의 산만: 사전 전달 사항을 제대로 확인하지 않음

③ 시간 압박: 여유 시간 없이 강의 직전에 도착해 실수에 대처할 시간이 부족함

④ 기술적 준비 부족: 다양한 상황에 대비한 도구나 기술 지식이 미흡함

⑤ 위기 대처 능력 부족: 예상치 못한 상황에 당황해 제대로 대응하지 못함

개선 계획

① 상세한 체크리스트 작성

: 강의에 필요한 모든 준비물을 꼼꼼히 리스트업하고 더블 체크하기

② 사전 정보 꼼꼼히 확인

: 주최 측의 모든 전달 사항을 꼭 메모하고 확인하기

③ 충분한 시간 확보

: 강의 시작 최소 한 시간 전에 도착해서 세팅 및 문제 해결 시간 확보하기

④ 다양한 기술적 대비책 마련

: 여러 가지 연결 방식에 대비한 어댑터, 케이블 준비하기

⑤ 위기 대응 시나리오 준비

: 다양한 문제 상황을 가정하고 대응 방안 미리 준비하기

⑥ 감사의 마음 표현

: 도움을 준 직원분께 감사 표현하기

제게는 세상에 공개하기 어렵고 부끄러운 수많은 실수, 실패 노트의 페이지가 있는데요. 이 노트가 채워질수록 제 안의 변화가 느껴집니다. 과거엔 실수나 실패를 숨기기 바빴다면 이제는 그 경험에서 무엇을 배울 수 있을지를 고민하게 되었어요. 가끔 '실패하면 어쩌지?'라는 두려움이 생겨도 '실패하면 좋은 경험 하나 축적하는 거지!'라고 긍정적인 생각을 하게 되었고요.

게다가 이 노트는 저를 더 겸손하게 만들어주었습니다. 노트를 보며 제 부족함과 한계를 정직하게 마주하다 보니, 제 생각을

정답이라고 생각하지 않고 다른 사람들의 피드백에 귀 기울이게 되더라고요.

이 원고를 쓰면서 지난 1년 동안의 실패와 실수를 적은 노트를 다시 펼쳐봤는데요. 올해도 많은 실수와 실패를 했더라고요. 때론 괴롭고, 부끄럽고, 힘들 때도 있는 이 기록을 굳이 하는 이유를 누군가 묻는다면 이 노트 덕분에 나 자신과 삶을 더 사랑하게 되었노라고 답하고 싶어요. 실수 하나에 내가 싫어지고, 실패 하나에 내가 미워졌던 시절을 지나서 내가 경험하는 인생의 모든 순간에 나름의 의미와 이유를 붙여줄 수 있게 되었거든요. 이 과정을 통해 저 자신에게 더 나아질 기회를 선물할 수 있게 되었고요.

하나의 정답을 찾고 같은 문제를 틀리지 않기 위해 쓰는 것이 아이들의 오답 노트라면, 나만의 답을 찾아가는 과정을 기록하는 것이 어른의 오답 노트가 아닐까 싶습니다.

이렇게 써보세요

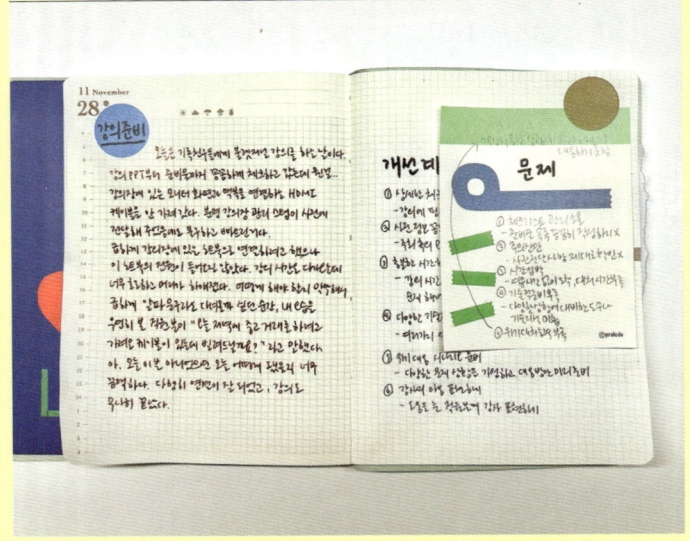

한 번 기록할 때 노트의 양면을 사용합니다. 왼쪽 페이지에는 날짜와 함께 실수나 실패라고 여겨지는 일의 구체적인 상황을 적고, 오른쪽 페이지에는 왜 이런 상황이 된 것 같은지 나름의 분석을 합니다. 문제를 살펴볼 땐 다양한 관점에서 살펴보는 게 중요한데요. 어떤 과정에서 실수한 건지, 왜 그 상황에서 실수가 일어났는지, 과거에도 같은 일을 반복했는지 등 용기를 내서 나의 문제를 마주하는 것이 좋아요. 그다음 앞으로 어떻게 하면 다시 실수를 하지 않을지 해결책을 함께 기록하고 복기합니다. 아주 구체적으로 분석해보고 싶을 땐 챗GPT나 클로드 같은 AI의 도움을 받아보는 것도 좋아요!

정답을 찾고 실수를 줄이기 위해 쓰는 것이 아이들의 오답노트라면,
나만의 답을 찾아가는 과정을 기록하는 것이 어른의 오답노트가 아닐까?

다정한 마음을 건네는 사람

#다정한 순간의 기록들

시간을 내어 일부러 꺼내 보는 노트가 한 권 있는데요. 일상에서 발견한 '다정한 순간들'을 기록해둔 노트예요. 전 다정한 어른이고 싶거든요. 같은 상황에서도 이왕이면 친절하고 싶고, 배려하고 싶고, 관심과 애정을 내어주는 사람이고 싶어요. 그런 마음을 늘 가지고 있다 보니 일상 속에서 누군가의 다정함을 발견하는 일이 어렵지 않더라고요. 하루에도 몇 번씩 타인의 다정함에 감동하는 순간이 있는데 그 감동이 휘발되는 게 아쉬워서 이 노트를 쓰기 시작했어요.

'다정한 순간들' 노트에는 다정함을 발견한 날짜와 시간, 장소, 내용을 적어두는데요. 사진을 찍어두었다가 인화해서 붙이거나 블로그나 브런치 등 온라인 플랫폼에 글로 써두기도 합니다.

신호가 바뀌었는데도 출발하지 않고 버스 타러 뛰어오는 사람을 기다려주시는 버스 기사님, 아내의 짐을 들어주며 손 꼭 잡고 걸어가시는 중년의 아저씨, 골목에서 거동이 불편하신 할머니가 걸어가시는데 경적 한 번 울리지 않고 천천히 따라가던 아주머니, 노부부가 함께 자리에 앉을 수 있게 자리를 양보하던 20대 청년의 모습 등 지금까지 42가지 다정한 순간을 모았는데요. 노트에도, 온라인 기록으로도 얼른 100가지를 모아보고 싶어요.

지난 9월에 있었던 일인데요. 가만히 있어도 땀이 줄줄 흘러내리는 더운 날이었어요. 가방 속에 든 게 너무 많아 어깨는 아프고, 한 손엔 종이가방, 다른 한 손엔 커피를 들고 있었거든요. 9월인데 왜 아직 날씨가 이렇게 더운 건지, 대체 가을은 언제 오는 건지 불평과 불만이 턱 끝까지 차올랐어요.

그때 어떤 아주머니 한 분이 근처에 정형외과를 찾고 있다며 길을 물으시더라고요. 평소의 전 누군가 길을 물어오면 지도 앱을 켜서 목적지를 찾아보고 자세하게 안내를 해드리는 편이에요. 대부분 스마트폰을 잘 활용하지 못하는 어르신인 경우가 많으니까요. 그런데 이날은 고민이 되더라고요. 제가 사는 동네가 아니기도 했고, 무거운 짐을 다 내려놓고 땡볕에서 길 찾아드릴 생각을 하니 순간 귀찮다는 생각이 들었거든요.

"저도 이 동네에 살지를 않아서요…."라고 말하며 고개를 들었는데, 아주머니 이마에 송글송글 맺힌 땀방울이 보이면서 문득 엄마 생각이 나더라고요. 우리 엄마도 모르는 길에서 헤맬 때 누군가의 도움을 필요로 할 텐데…. 길을 알려드리지 않으면 한참을 길에서 헤매실 게 분명해서 모른 척할 수가 없었어요. 목적지를 찾아보니 제가 가려던 곳과 가까운 곳이라 같이 걸어갔습니다. 아주머니는 가는 길 내내 고맙다고 하시며 병원에 도착해선 제가 보이지 않을 때까지 손을 흔들다 들어가셨어요.

이름 모를 아주머니께 길에서 10분 정도 시간을 내어드린 것뿐인데 뭐라고 형언하기 어려운 감정이 차오르더라고요. 집에 돌아와 다정한 순간들 노트에 이렇게 적었습니다.

'작은 다정함이 상대의 마음에 닿으면 훈훈한 온기가 서로를 둘러싸고, 그 온기는 또 다른 다정함이 되어 다른 누군가에게 흘러가겠구나.'

김혼비 님의 《다정소감》이라는 책에 시인 박준 님이 써주신 추천사가 있어요.

작가의 다정은 작가의 다감이 만들었을 것이다. 다정을 느껴본 사람은 다정을 느끼게 할 수도 있으니까.

_《다정소감》에 박준 시인이 남긴 추천평

이 이야기처럼 누군가의 배려가 제게 닿았던 순간들이 제 마음속에 깊이 새겨지면서 그 기억이 저를 더욱 따뜻한 사람으로 만들어주었어요.

god의 〈촛불 하나〉라는 노래를 참 좋아하는데요. 불을 밝히니 촛불이 두 개가 되고, 그 불빛으로 또 다른 초를 찾고, 세 개가 되고 네 개가 되고 어둠이 사라져간다던 가사처럼 각자의 삶에서 건넨 다정함도 그렇게 이어진다고 믿어요. 우리가 살아가는 세상이 조금 더 따뜻해지길 바라는 마음을 담아 앞으로도 이 노트를 계속 채워나가려고 합니다.

지금처럼 매일매일, 작은 다정함으로.

> write 25

이렇게 써보세요

다정한 순간은 여러 모습으로 찾아옵니다. 누군가가 내게 보여준 따뜻함도 좋지만, 내가 다른 이에게 건넨 친절한 말 한마디, 나를 위해 준비한 작은 선물 같은 것들도 모두 다정함이 될 수 있죠. 길가에서 우연히 발견한 예쁜 문구나 따뜻한 마음도 놓치지 말고 기록해보세요. 이렇게 다양한 모습의 다정을 적다 보면, 일상이 한결 더 따뜻해질 거예요.

작은 촛불 하나가 또 다른 촛불을 비추듯,
우리가 나누는 다정함도 그렇게 퍼져나간다.

epilogue

"기록이 뭐 별건가요?"

원고를 쓰는 동안 책을 출간한 경험이 있는 친한 동생에게 자주 전화를 걸었습니다. "원고 한 꼭지 쓰는 데 시간이 얼마나 걸렸어?", "필력이 이렇게 부족한데 책을 내도 괜찮을까?", "책을 매년 한 권씩 내는 사람은 도대체 어떻게 글을 쓰는 거야?" 등 쏟아지는 제 질문을 가만히 듣던 동생은 이렇게 말하더군요. "언니, 제발 다른 사람하고 비교하지 마. 언니의 글을 쓰면 돼."

"리니 님처럼 글씨가 안 예뻐서 기록을 못하겠어요.", "꾸준히 기록하는 게 너무 어려워요.", "매년 다이어리 사놓고 끝까지 못 쓰는데 괜찮을까요?" 온라인에 남긴 제 기록을 보며 친구들이 가장 많이 했던 질문을, 이제는 제가 동생에게 하고 있었다는 것을 깨닫고 혼자 한참 웃었던 기억이 납니다. 누구나 처음은 이렇게 서툴구나 싶어서요.

책 한 권 분량의 원고를 처음 써보는 제게 막막함과 두려움이 있었듯, 기록을 이제 막 시작하려는 여러분의 마음도 저와 비슷한 감정일 거라 생각합니다. 하지만 이 말씀을 드리고 싶어요. 저 지금, 에필로그를 쓰고 있습니다. 책 한 권을 마무리하고 있다는 이야기예요. 책을 완성하는 방법은 그저 글을 조금씩 쓰는 것이었습니다. 하루에 한 줄씩이라도요.

기록도 다르지 않아요. 기록이 뭐 별건가요? 남기면 기록이죠. 기억하고 싶은 순간을 사진으로 찍는 것도, 단어 하나로 하루의 감정을 표현하는 것도, 카페에서 받아온 스티커를 붙여두는 것도 기록입니다. 어떤 형태든, 어떤 내용이든 괜찮아요. 글씨가 안 예뻐도 전혀 상관없고요. 매일 쓰지 못해도 좋고 어설프게 쓴 문장이라도 충분합니다. 중요한 건 한 줄이라도 좋으니 일단 써보는 거예요.

저 역시 쓰다 만 노트들이 많습니다. 완벽주의 때문에 내다버린 노트도 수십 권이고요. 모든 종류의 기록을 매일 부지런히 하는 것도 아니에요. 저도 여전히 기록 앞에서 꾸준함과 씨름하고 있습니다. 하지만 시간이 켜켜이 쌓인 기록은 그동안 보이지 않았던 것을 보이게 하고, 성실한 기록은 나를 둘러싼 것들을 더 선명하게 만들어주는 힘이 있다는 걸 깨달은 뒤로 단어 하나, 하루 한 줄이라도 꼭 적으려고 노력하고 있어요.

때로는 서툴고, 때로는 부족할지라도 계속해서 기록을 이어가 보세요. 완벽하지 않아도 괜찮습니다. 각자의 방식대로 자신만의 이야기를 써 내려가다 보면 나를 깊이 이해하게 되고 진심으로 사랑하게 되며, 더 넓어진 나의 세계를 마주하게 될 거예요.

고등학교 1학년쯤 되어 보이는 아이들이 땀 냄새 풍기며 농구 게임 얘기하는 틈에 앉아 이 책의 마지막 문장을 쓰고 있는데요. 서툰 저의 글도 저 녀석들처럼 풋내가 나겠지 싶어요. 그렇지만 아이들의 있는 모습 그대로가 아름답듯, 저의 글도, 여러분의 기록도 있는 그대로 아름답다는 말을 전하고 싶습니다.

우리, 언젠가 더 넓어진 서로의 세계에서 기록으로 다시 만나요.

부록

"리니의 기록 도구를 소개합니다"

뭔가를 시작할 때 가장 설레는 순간 중 하나는 나만의 도구를 고르는 일 아닐까요? 그러다보면 자연스럽게 '장비'에 관심을 가지게 되죠. 장비란 단어에 남편과 처음 캠핑을 시작했을 때가 떠오르네요. '가벼운 텐트와 침낭 정도만 있으면 충분하겠지!' 하고 시작했는데 어느새 고급 텐트부터 타프, 테이블, 조명, 조리 도구까지 찾아보고 있더라고요.

기록도 마찬가지예요. 펜이랑 노트만 있으면 누구나 가볍게 시작할 수 있는 건 분명 맞는데요. 기록을 하면 할수록 자연스럽게 '나한테 딱 맞는' 도구를 찾게 되더라고요. 종이와 궁합이 딱 맞는 펜을 발견했을 때, 뭐든 쓰고 싶어지는 예쁜 노트를 선물 받았을 때, 나에게 최적화 된 기록 도구가 손 닿는 곳에 있을 때의 행복감이란….

재미있는 건 제가 다양한 기록 방법을 소개할 때 가장 많이 받는 질문이 "저 노트, 어디 거예요?", "펜 정보 좀 알려주세요!"라는 거예요. 마치 제가 캠핑할 때 다른 분들의 캠핑 장비를 궁금해하던 것처럼요. 그만큼 기록에서 도구는 단순한 보조 수단 역할만 하는 게 아니라 기록을 즐겁게, 꾸준히 할 수 있도록 동기부여를 한다는 거겠죠?

여러분의 질문에 답하기 위해 제가 사랑하는 기록 도구들을 소개하려고 해요. 이 도구들은 제가 여러 도구를 써본 끝에 제 손에 딱 맞는 것들로 골라낸 거예요. 사람마다 손의 크기, 필기 습관, 기록 스타일, 취향이 다른 만큼 이 추천이 여러분만의 도구를 찾는 여정의 출발점이 되었으면 좋겠습니다.

먼저 제가 노트를 고르는 방식을 말씀드릴게요. 기록에는 정답이 없어서, 한 권의 노트에 모든 걸 담아도 좋고 용도별로 구분해서 써도 좋아요. 한 권에 다 담으면 기록이 한곳에 모여 있어 찾아보기 편하고, 그날의 생각이나 감정이 자연스럽게 이어진다는 장점이 있죠.

반면 용도별로 나누면 각각의 주제에 더 집중할 수 있고 나중에 다시 보기도 수월하더라고요. 저는 여러 시도 끝에 용도별로 노트를 구분해서 쓰는 게 더 잘 맞는 방법이라는 걸 알게 되었어요. 지금은 크게 네 가지 용도로 나눠서 사용하고 있습니다.

1. 일상의 계획과 기록을 위한 불렛 저널

제 불렛 저널은 비서이자 친구 같은 존재예요. 주간 계획부터 그날의 일과, 갑자기 떠오른 아이디어까지 하루의 대부분을 담아두죠. 불렛 저널은 그때그때 제가 기록하고 싶은 내용에 따라 레이아웃을 직접 그려서 사용하기 때문에 최소한의 가이드가 있는 도트 노트를 활용하고 있어요. 그래서 〈로이텀 불렛 저널〉을 애용하는데요. 적당히 도톰한 페이지(120g)라 비침이 적고 필기감도 매우 좋아요. 페이지마다 쪽수가 있어서 어디에 어떤 기록을 해뒀는지 책의 목차처럼 써놓을 수도 있고요. 페이지의 1/2, 1/3 지점마다 점으로 표시되어 있어서 레이아

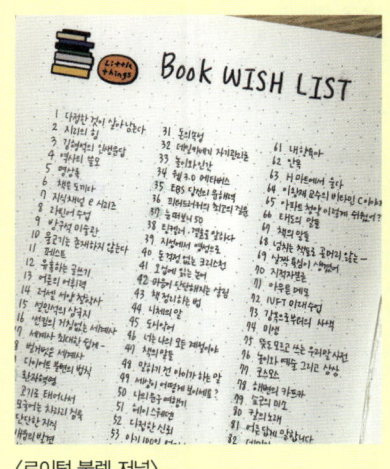

〈로이텀 불렛 저널〉

〈로이텀 불렛 저널〉

웃을 만들 때 일일이 간격을 재야 하는 번거로움을 줄일 수 있습니다. 불렛 저널 시스템을 구현하기에 완벽한 노트예요.

2. 마음을 채우는 필사 노트

좋은 글귀를 만나면 차분히 옮겨 적으며 음미하고 싶잖아요. 필사할 때 사용하는 노트로는 〈로이텀 하드커버 A5〉와 〈미도리 MD 노트 M〉, 〈야마모토 페이퍼 베이직〉을 선택했어요. 이 세 노트의 공통점은 부드러운 필기감, 은은한 크림색 종이라는 거예요. 필사는 보통 긴 문장을 쓰게 되니까 필기감이 중요하거든요. 그리고 많은 분량의 글씨가 담기는 만큼 백색 종이보다는 미색 종이를 선택했어요. 미색 종이에 담긴 글씨가 보기에도 편안하고, 눈의 피로감을 줄여주니까요.

  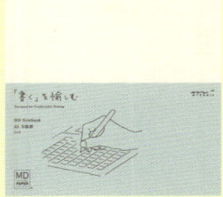

⟨로이텀 A5 하드커버 표지⟩　⟨야마모토 페이퍼 표지⟩　⟨미도리 MD 노트 표지⟩

　　세 노트의 크기와 페이지 수는 조금씩 다른데요. ⟨로이텀 하드커버 노트⟩는 일반 다이어리 크기이고 페이지 분량이 많아요. 한 권 가득 필사로 채우면 뿌듯함이 밀려오는데, 마지막 장까지 채우는 데 시간이 오래 걸린다는 아쉬움이 있습니다. ⟨미도리 MD⟩ 노트는 시집처럼 짧은 분량의 문장을 옮겨 쓸 때 좋아요. A5보다 가로 폭이 좁아서 한 페이지를 금방 채울 수 있거든요. 하지만 이 노트 역시 페이지 수가 많아서 한 권을 빼곡히 채우기까지는 시간이 조금 걸린답니다.

⟨로이텀 A5 하드커버⟩

그럴 때 쓰면 좋은 노트가 〈야마모토 페이퍼 베이직〉이에요. 이 노트는 두 노트에 비해 페이지 수가 훨씬 적고 엄청 가벼워서 휴대하기도 편하거든요. 필사를 취미로 시작하고 싶으신 분, 노트 한 권을 빠르게 채워서 성취감을 느끼고 싶으신 분들에게 이 노트를 추천합니다.

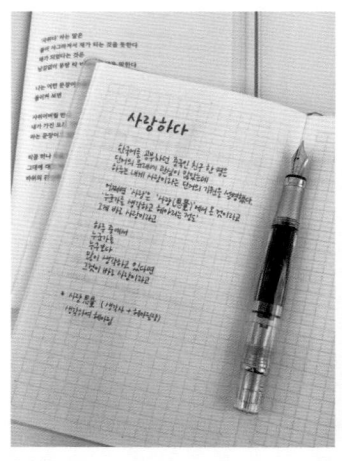

〈미도리 MD 노트 M〉

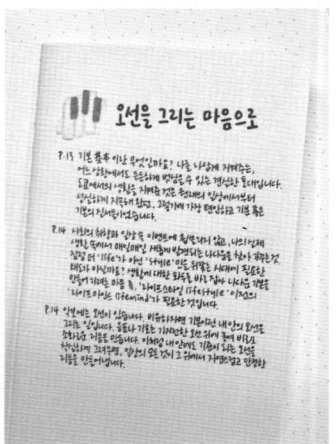

〈야마모토 페이퍼 베이직〉

3. 소소한 일상 기록 노트

불렛 저널이나 필사 외에 일상의 작은 순간들을 담아두는 노트도 여러 권 사용하는데요. 그중 가장 추천하고 싶은 노트는 〈미도리 MD 노트 A7〉입니다. 손바닥만 한 크기라 휴대하기 편해서 늘 가방에 넣고 다녀요.

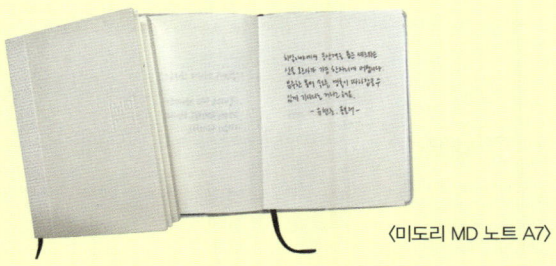

〈미도리 MD 노트 A7〉

4. 마음을 정리하는 일기장

저는 5년 동안의 같은 날짜 기록을 한눈에 볼 수 있는 5년 일기와 감정을 정제하지 않고 써 내려가는 날것의 일기장 두 권을 사용하고 있어요. 먼저 5년 일기는 〈One Line a Day, 5년 일기〉 노트를 쓰고 있고 최근엔 〈호보니치 테쵸, 5년 일기〉를 장만했습니다. 〈One Line a Day〉 노트는 일기를 쓰는 칸이 여섯 줄이라서 부담 없이 간단하게 남기기에 좋고요. 〈호보니치 테쵸〉는 그보다 좀 더 긴 분량의 기록을 할 수 있어요. 그리고 견고해서 오래 간직할 수 있다는 게 큰 장점입니다.

〈One Line a Day〉　　　　〈호보니치 테쵸, 5년 일기〉

날것의 일기는 〈미도리 히비노 다이어리〉에 쓰고 있는데요. 이 노트는 1일 2페이지로 구성되어 있어서 활용도가 높아요. 왼쪽은 모닝 페이지, 오른쪽은 나이트 페이지처럼 아침저녁으로 일기를 써도 좋더라고요. 가끔 왼쪽 페이지엔 상황이나 감정을 쭉 쓰고, 오른쪽엔 왜 이런 감정이 들었는지, 해결책이 있다면 무엇인지 등을 쓰기도 합니다. 전 일기를 쓸 때 주로 만년필을 사용하는데 번짐이 없고 종이도 가벼워서 정말 마음에 드는 노트예요.

〈미도리 히비노 다이어리〉

기록을 하다 보면 용도별로 다양한 펜이 필요해지더라고요. 제목용 펜, 본문용 펜, 강조용 펜…. 하나씩 모으다 보니 어느새 제법 많은 펜이 책상 위에 자리를 잡았네요.

1. 포인트를 주고 싶을 때 쓰는 펜

① 제목을 쓸 때

노트를 펼치면 가장 먼저 제목을 써요. 그날의 기록이 무엇에 관한 것인지 한눈에 알 수 있고, 기록의 방향도 자연스럽게 정리해주거든요. 그래서 제목을 굵은 글씨로 강조하는 편인데, 이때 즐겨 쓰는 펜이 '스테들러 피그먼트 라이너 1.2mm'예요.

스테들러 피그먼트 라이너는 방수 잉크라 번짐이 없고 선명한 색감 덕분에 기록을 오래 보존할 수 있어요. 굵기 선택의 폭이 넓어 다양한 용도로 활용하기 좋고요. 특히 1.2mm는 제목을 강조할 때 아주 좋습니다.

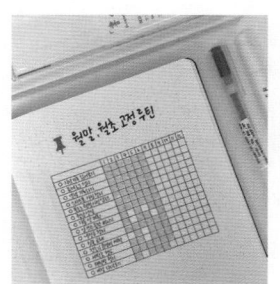 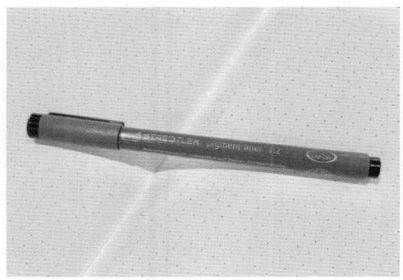

'스테들러 피그먼트 라이너 1.2mm'

② 강조하고 싶은 부분이 있을 때

강조하고 싶은 부분이 있을 때는 형광펜과 색연필을 활용해 기록을 정리하는데요. 제가 자주 사용하는 형광펜은 '마일드 라이너'와

'파이롯트 프릭션 형광펜'입니다. '마일드 라이너'는 부드럽고 은은한 색감 덕분에 눈에 피로를 주지 않으면서도 텍스트를 효과적으로 강조할 수 있어요. 채도가 낮아 원문을 가리지 않으면서도 깔끔한 정리를 돕고, 두 가지 팁으로 상황에 맞는 굵기를 선택할 수 있는 점도 장점입니다. '파이롯트 프릭션 형광펜'은 지우개로 수정할 수 있어서 실수했을 때 부담 없이 사용할 수 있어요. 특히 플래너나 다이어리처럼 자주 수정이 필요한 기록에 유용합니다.

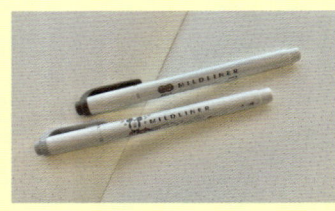

'마일드 라이너' '파이롯트 프릭션 형광펜'

'고쿠요 엔피츠 샤프 레드 1.3mm'도 추천하고 싶은데요. 빨간색 샤프심을 사용해 특정 부분을 강조할 때 색연필처럼 활용할 수 있어요. 연필 같은 그립감도 아주 마음에 들고요. 책에 밑줄 그을 때 가장 많이 사용하고 있습니다. 가벼워서 휴대하기도 좋아요.

'고쿠요 엔피츠 샤프 레드 1.3mm'

2. 깔끔한 본문 필기를 위한 펜

저는 주로 '무인양품 젤 잉크 볼펜', '제트스트림 엣지', '제브라 사라사 클립 펜'을 사용하는데요. 각 펜의 매력이 달라 쓰는 즐거움이 있답니다.

먼저 '무인양품 젤 잉크 볼펜(0.38mm)'은 펜촉이 슬림하고 잉크 흐름이 부드러워서 정교한 글씨를 쓸 수 있고 잘 번지지 않아서 좋아요. 개인적으

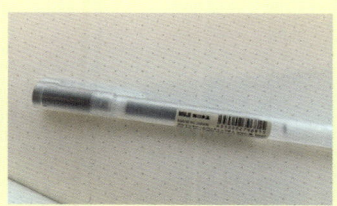

'무인양품 젤 잉크 볼펜(0.38mm)'

로 제가 원하는 글씨체를 가장 잘 구현해주는 펜입니다. 불렛 저널이나 필사 노트, 일상 기록을 할 때 대부분 이 펜을 사용해요.

'제트스트림 엣지(0.38mm)'도 부드러운 필기감이 매력적인데요. 전 이 펜의 그립감이 가장 마음에 들더라고요. 손에 힘을 주고 필기하는 편인데 오래 쥐고 있어도 손이 덜 아파요. 보디 색상도 여러 가지라 고르는 재미도 있고요. 이 펜은 영어 필사를 할 때 주로 사용합니다.

'제트스트림 엣지(0.38mm)'

'제브라 사라사 클립 펜(0.3mm)'

'제브라 사라사 클립 펜'은 그레이 색을 쓰고 있어요. 그레이 색이 은은해서 다른 필기 내용을 방해하지 않으면서 정리된 느낌을 주기에 좋거든요. 예를 들면 필사 노트를 쓸 때 필사한 내용은 검은색, 제 생각을 적은 부분은 그레이 색으로 쓰면 자연스럽게 구분할 수 있습니다.

만년필

마지막으로 제가 가장 아끼는 필기구인 만년필을 소개할게요. 책상에 앉아 일기를 쓰거나 중요한 기록을 남길 때면 자연스럽게 손이 가는 필기구예요. 단순한 필기도구를 넘어 사용 과정 자체가 특별한 경험을 선사하는 아이템이기도 하고요.

첫 번째로 소개할 '홍디안 920s'는 만년필 입문용으로 많이 추천되는 제품이에요. 처음 만년필을 시작할 때 망설이는 분들이 많은데, 이 제품은 합리적인 가격(9,000원대)에 훌륭한 필기감을 선사해준답니다. 가벼운 무게, 안정적인 그립감 덕분

'홍디안 920s'

에 처음 만년필을 사용하는 분들도 부담 없이 시작할 수 있어요. 게다가 잉크를 넣는 방식도 일회용 카트리지를 꽂아 쓰거나, 반영구적으로 사용 가능한 컨버터(잉크를 빨아들이는 도구)를 사용할 수 있어서 선택의 폭이 넓죠. 무엇보다 디자인이 클래식해서 가격 대비 고급스러운 느낌이 드는 것도 큰 장점이에요.

두 번째로 소개할 '트위스비'는 독특한 매력이 있는 만년필이에요. 가장 큰 특징은 피스톤 필러 충전 방식인데요. 만년필 끝부분에 있는 노브를 돌리면 마치 주사기처럼 잉크를 빨아들일 수 있어요. 잉크를 채우는 과정 자체가 하나의 재미있는 취미가 된답니다. 만년필의 몸통(배럴)이 투명해서 예쁜 색상의 잉크가 채워지는 모습을 직접 볼 수 있어요. 고급 만년필의 기능을 합리적인 가격에 제공해 입문자부터 마니아까지 모두에게 사랑받는 제품이라 한번 써 보면 왜 그런지 이해될 거예요. 다양한 굵기의 닙(펜촉)을 선택할 수 있어 개인의 필기 스타

'트위스비'

일에 맞출 수 있는 점도 매력적이고요.

지금까지 제가 애정하는 노트와 필기구들을 소개했는데요. 기록이 쌓여갈수록 도구가 주는 즐거움도 커집니다. 노트마다 다른 종이의 감촉, 내 손에 착 감기는 펜의 그립감, 만년필에 좋아하는 잉크를 주입하는 순간 등 작은 기쁨들이 모여 기록하는 시간을 더욱 특별하게 만들어주더라고요.

여러분들도 기록을 하다 보면 '아, 이런 노트가 있으면 좋겠다' 혹은 '이런 느낌의 펜이 필요해!' 하는 순간이 올 거예요. 제가 소개한 기록 도구를 참고하면서 나만의 기록 도구를 꼭 찾으셨으면 좋겠습니다.

* 책 속에 들어간 인용문은 사용 허락을 받았으나 몇몇 글은 저작권사와 연락이 닿지 않아 허락을 받지 못했습니다. 추후 연락이 닿는 대로 인용 허락을 받겠습니다.

참고자료

김혼비, 《다정소감》, 안온북스
권예슬, 《취향의 기쁨》, 필름출판사
다카다 히카루, 《쓰지 않으면 아이디어는 사라진다》, 포텐업
박웅현, 《여덟 단어》, 인티N
조경국, 《필사의 기초》, 유유출판사
한비야, 《바람의 딸, 우리 땅에 서다》, 푸른숲

기록이라는 세계

초판 발행 · 2025년 1월 3일
초판 5쇄 발행 · 2025년 2월 28일

지은이 · 리니
발행인 · 이종원
발행처 · (주)도서출판 길벗
브랜드 · 더퀘스트
출판사 등록일 · 1990년 12월 24일
주소 · 서울시 마포구 월드컵로 10길 56 (서교동)
대표전화 · 02) 332-0931 | **팩스** · 02) 323-0586
홈페이지 · www.gilbut.co.kr | **이메일** · gilbut@gilbut.co.kr

기획 및 책임편집 · 오수영(cookie@gilbut.co.kr) | **편집** · 유예진, 송은경
제작 · 이준호, 손일순, 이진혁 | **마케팅** · 정경원, 정지연, 이지원, 이지현 | **유통혁신** · 한준희
영업관리 · 김명자 | **독자지원** · 윤정아

교정 · 김순영 | **디자인** · 책장점 | **CTP 출력 및 인쇄** · 정민 | **제본** · 정민

- 더퀘스트는 (주)도서출판 길벗의 인문교양·비즈니스 단행본 브랜드입니다.
- 이 책은 저작권법의 보호를 받는 저작물로 이 책에 실린 모든 내용, 디자인, 이미지, 편집 구성은
  허락 없이 복제하거나 다른 매체에 옮겨 실을 수 없습니다.
- 인공지능(AI) 기술 또는 시스템을 훈련하기 위해 이 책의 전체 내용은 물론 일부 문장도 사용하는 것을 금지합니다.
- 잘못 만든 책은 구입한 서점에서 바꿔 드립니다.

ⓒ 리니, 2025

ISBN 979-11-407-1197-0(03190)
(길벗 도서번호 090264)

정가 17,700원

독자의 1초까지 아껴주는 정성 길벗출판사
(주)도서출판 길벗 | IT단행본, 성인어학, 교과서, 수험서, 경제경영, 교양, 자녀교육, 취미실용 **www.gilbut.co.kr**
길벗스쿨 | 국어학습, 수학학습, 주니어어학, 어린이단행본, 학습단행본 **www.gilbutschool.co.kr**
인스타그램 · thequest_book | **페이스북** · thequestzigi | **네이버포스트** · thequestbook